अभिदेव-एहसास

ZINDGI KE HAR KINAARE AUR HAR MUKAAM SE MILE EHSAASON KA SANKALAN

अभिदेव

Copyright © Arvind Semwal
All Rights Reserved.

This book has been published with all efforts taken to m
material error-free after the consent of the author. Howe
author and the publisher do not assume and hereby discl
liability to any party for any loss, damage, or disruption ca
errors or omissions, whether such errors or omissions res
negligence, accident, or any other cause.

While every effort has been made to avoid any mis
omission, this publication is being sold on the condit
understanding that neither the author nor the publis
printers would be liable in any manner to any person by r
any mistake or omission in this publication or for any actio
or omitted to be taken or advice rendered or accepted on t
of this work. For any defect in printing or binding the pu
will be liable only to replace the defective copy by another
this work then available.

ाव्य समर्पित है मेरे दोनों गुरुवर के चरणों मैं। प्राथमिक
के गुरु श्री चिंतामणि सेमवाल एवं मेरे पिता श्री महादेव
सेमवाल। मेरे लिए यह हर्ष का विषय रहा की किसी भी
और आभाष के लिए मुझे घर के देहलीज़ लांगनी नहीं
मेरी काव्य भावनाओ का सम्मान मेरे ताऊ जी श्री शिव
सेमवाल ने हमेशा किया और उनसे मिला हर शब्द मेरे
लिए प्रोत्साहन बना।

य के साथ मिले अनुभव मुझे अंदर से खरोंचते रहे या
ते रहे यह पूर्ण रूप से निर्भर करता है इस तथ्य पर की
नुमानित मार्ग मुझे कहाँ स्थापित करता है किन्तु जीवन
ा कभी नहीं रहा एक तरफ अंदर एक द्वन्द चलता रहा
बाहर अपने प्रियजनों के बिच मैं एक फाका मस्ती का
जीवन जीता रहा।

कुछ नाम अंकित हैं जो साँसों के साथ घुले हुए हैं मेरा
बने हुए हैं , आपका होना ही मेरे जीवन की भूमिका को
ड़ा आयाम देता है और मैं अवसाद को भी हर्ष के भाव से
स्वीकार कर आगे बढ़ता चला आया हूँ।

भाई श्री गोकुल रमोला ,आपका मुझ पर विश्वाश मुझे
रखता है और आपका जीवन मुझे हमेशा ही साहस प्रदान
ना है, श्री सम्पूर्णा नन्द सेमवाल मेरे कुलश्रेष्ठ बड़े भाई
की डाँट -फटकार ने मुझे सामाजिक बनाया , आचार्य श्री
ग सेमवाल बड़े भाई के रूप में वो मित्र जिन्होंने मुझे युग
समझाया सही मार्ग का चयन करने हेतु मेरे सखा साथी
 रहे , श्री अंकुर भाटिया वो बड़े भाई जिनके प्रति मेरी
ाये अपार रही हैं और सदा ही मेरे हृदय में आपके प्रति

प्रेम जागृत रहेगा। मोहमद ज़ैद (मन्नू) इस दशक का इ
वह मित्र जिसने मुझे डूबने से बचाये रखा , बलवीर कैंतु
दार्शनिक मित्र जिसका एहसान उम्र भर रहेगा। रवि नौति
मेरा वह साथी जिसका मेहनताना बस मेरा प्रेम रहा ,
सुनील सेमवाल वह पत्रकार जिसने मुझे बार बार झकझो
भंवर से बचाया। मेरी सबसे बड़ी बहन पूजा भट्ट जिसका
आशीर्वाद हमेशा मेरे साथ रहा और मेरे चरित्र में जो भी
है वह उनसे मिली सीख है। मेरे दो छोटे भाई निरुल चौ
अनिरुद्ध सेमवाल मेरे वह असहज मित्र जो मुझे संवार
अथक प्रयासों मैं जुटे रहे हैं मेरे काव्य का संकलन इनके
पूर्ण होना असफल था। मयंक बर्थवाल , आशीष उपाध्या
दो सहज प्राणी जो अनेको दास्तानों के प्रमाण हैं और मेरे
मैं निवास करते हैं।अनिरुद्ध प्रताप सिंह , आजाद पँवा
सुमन धीरवाण ,विवके शर्मा , नमिश शर्मा , अंजू सेमव
अनुराधा सेमवाल , श्री मनोज सेमवाल , श्री संदीप सेमव
श्री राजेंद्र प्रसाद सेमवाल , श्री सतीश प्रसाद सेमवाल ,
अम्बिका सेमवाल , श्री अशोक सेमवाल , श्री सौरभ सैनी
सुमित सेमवाल ,निशु हुड्डा , श्री कुंदन कुमार जी , श्री
कुमाई मेरे जीवन का वह भाग हैं जिनसे मैं अलग थलग
हूँ किन्तु यह सभी लोगो का योगदान मेरे जीवन में अहम
हैमेरी दो माँ और मेरे बड़े भाई आशीष सेमवाल एवं बड़े
श्री कमलेश चमोली वह किरदार हैं जिन्हें मेरे सफल होन
तृष्णा मुझसे अधिक परेशान करती है , आशा है की आप
का प्यार मुझे उनके इस विश्वाश को स्थापित करने मैं स्
देगा।

र शब्द समर्पित है उस व्यक्ति के लिए जो जीवन की
ाओं से उलझा हुआ है जिसके स्वप्न नींद को सताने का
 करते हैं , जिनका तन्हाईओं से वास्ता रहा हो जिन्हें
 ने उपहास का केंद्र बना दिया हो , जिन्होंने संघर्ष को
प्राथमिकता दी है जिनके अंदर इंसान जीवित है।

अभिदेव _अरविन्द सेमवाल

क्रम-सूची

प्रस्तावना

एहसास एक वह काव्य संकलन है जहाँ जीवन के यत्र
ले अनुभवों का परिचय मिलता है , हर कविता में आप
ढूंढ पाओ ऐसा होना मुश्किल है किन्तु हर कविता आपको
अनुभव का हिस्सा जरूर बना सकती है। हर वह असहज
जहाँ किसी न्याय पर पहुंचना हृदय मन और मनु के लिए
न जाता है वहाँ यह शब्द आपके जीवन को सयम प्रदान
छमता रखते हैं और यकीनन किसी कविता मैं आपको
अंश पूर्ण रूप से यथावत महसूस होगा यह एक लेखकः
में मेरी शर्त समझ लीजिये।

वन ४ पहरो मैं बँटा हुआ है और इन ४ पहरो के फेर में
हमें रोज एक नई खानी प्रदान करता है एक नया विषय
हर दिन जीवन श्रृंखला को आगे बढ़ाने मैं मददगार होता
तु हर किसी का अनुदान अलग है हर किसी का आभाष
है और यही सम विषम एकत्रता ही एहसास बन कर उभरते

भगवान वासुदेव - युग रचियता से यही गुहार लगाता हूँ
इस अनुभव को आप सभी से साझा कर अपने जीवन
मूल्य दे पाऊँ , और आपके हृदय ताल मैं अपने लिए
प्रेम का रोपण करने का सामर्थ्य पा सकूँ।

सहित

भूमिका

के पद चिन्ह समझना सबसे बड़ा गणित है और यह
से सभी उलझे हुए हैं। मेरी मन स्तिथि सदैव ही धरा के
बहती रही मुझे नकरत्मक्ता जीवन के प्रति सवेदनशील
रही और यह निरंतयर होता रहा , मेरी उम्र मेरे आभास
मित्र संघ के बिच कभी मेट्री स्थापित नहीं हो पायी
फलस्वरूप मुझे अभिनय का हिस्सा बनन्ना पड़ा। वह
जिसने मुझे भीं भिन्न भिन्न रूप मैं बाँट दिया। मेरे मन
झनें किसी तक पहुंचने मैं असमर्थ रही और निरंतर इस
ने मुझे कागज कलम के समीप ला खड़ा कर दिया।

ला प्रकाशित काव्य अभिदेव_आभाष मुझे सदैव ही
करता रहा और मैं निरंतर लेखन कार्य से जुड़ा रहा किन्तु
भी नहीं हो पाया की मैंने कविता को काम समझ कर
वीकार किया हो , या फिर खा जा सकता है कि मैं कभी
पनिक नहीं हो पाया , जो देखा वो अनुभव हृदय के गहरे
गया और फिर उसे पार लगाते लगाते मैं अपने शब्दों से
भाव पिरोता रहा।

दरणीय अभिनेता श्री सुनील वीरप्पन शेट्टी (सुनील शेट्टी
) से जब मैंने अपने पहले प्रकाशन के बारे मैं अपनी
प्रकट की तो उनसे मिले शब्दों ने मुझे लेखक बनने के
दिन हर रात उकसाया है , मैं आशा रखता हूँ की उन्है
बन के प्रति यह रुझान पसंद आएगा और सदैव ही उनका
द मेरे साथ बना रहेगा।

भदेव_एहसास , यह शीर्षक पिछले ३६ महीनो मैं लिखी
गों का फलसफा मात्र है , सत्य यही है की मैं आभाष और

एहसासो की जीवंत दुनियाँ मैं ही रहा हूँ , स्वार्थ निस्
लिए एक शब्द मात्र रहे और मैं इन आभास और एहसास
अपनी जागीर समझ कर प्रफुलित होता रहा हूँ रोटा रहा ह
सभी के प्रेम एवं स्नेह से यह कलम सदैव ही चलती रहे
अपने अनुभवों को आपके प्रति समर्पित करती रहेगी।

अभिदेव

Abhidev_Ehsaas

<u>दरवाजे</u>

मेरे दरवाजे कबसे खुले नहीं,

खिड़की कबसे राह देखती है।।

एक सिरहन जिंदा अभी तक,

एक लांश की बाँह फेरती है।।

एक घड़ी कमरे में बंद कबसे पड़ी है,

अब तलक जो सब हुआ देखती है

वो अम्मा सबके आगे हाथ फैलाकर,

दर्द के खिलाफ सबके दुआ बेचती है।।

कभी लगता है मेरे ख्याल मर गए हैं,

ये जिंदा उम्मीद बन के मुर्दा तैरती है।।

वो दिन भर अपनी खिल्ली उड़ाता है,

जिसे अंधेरी रात में तन्हाई घेरती है।।

एक शहर से दूसरे शहर

मैं एक शहर से दूसरे शहर,

ख्वाब बुनते बुनते पहुँचा हूँ।

यकायक आभाष होता है,

हक़ीक़त पीछे छोड़ आया हूँ।।

मैं दर्द को दूजे दर्द की दुआ देकर,

दर्द की दहलीज लाँघ बैठा हूँ।।

फिर कभी आँखों के आँसू कहते हैं,

कि भरम सारे मैं तोड़ आया हूँ।

ये कहानी हर मर्तबा नई लगकर,

मुझे यकी दिलाती कि तन्हा हूँ।।

मैं अपने साये को अपना बताकर,

कहानी के पन्ने पन्ने मौड़ आया हूँ।।

मैं एक शहर से दूसरे शहर....

#अभिदेव

एक खयाल

हमें बहारो के गुल तोड़ने हैं,

फ़िज़ा की साख पर बैठे वक़्त के कच्चे आम खाने हैं,

इना है खाली घाटियों के बंजरो में जहाँ कुछ भी खाने को
है मगर वो लहराती हरियाली हमें आजादी का मतलब
सिखाती ।

ख़ने हैं सभी सपने , हक़ीक़त की चादरों पर , हमें दुनियां
सभी रंग देखने हैं, हो न हो वो भी यही चाहता होगा।

इस कंक्रीट के जंगलों में घुटन की आवभागत कर रहे हैं
हम, ताजगी के नाम ठंडे फ्रीज़र में सड़ रहे हैं हम।

रीदा जा चुका है उस वक़्त तक के लिए जब तक हम हैं
कुछ करने को काबिल।

हमें ये स्वीकार है किसी उलझन की ख़ातिर।

#अभिदेव_आभाष

रूह

मैं तेरी रूह में बसना चाहता था,

तूने जिस्म की प्यास बनाया मुझको।।

जहाँ मेरा कोई भी अपना नही रहा,

तूने खुशी से वो दौर दिखाया मुझको।।

मुझे तेरा बचपना शैतानियां पसंद थी,

तूने अपने फैसलों से सताया मुझको।।

मुझे तेरी मदहोशी में रहना पसंद था,

तूने बेवफाई के समंदर डुबाया मुझको।

मैंने ख्वाब देखे थे सावन के बारिशो के,

आँसुओ से मेरे पल पल भिगाया मुझको।

मुझे अच्छा लगता था तेरा बिन बात हँसना,

दगा देकर बेपाक बेतहाशा रुलाया मुझको ।।

अभिदेव_

अभिव्यक्ति

जब तक झूठी हाँक रहे हो,

तब तक मीठा फाँक रहे हो।।

तुम अपने तल से गिरे हुए ,

क्या मेरे अंदर झाँक रहे हो।।

मैं संस्कारो में पला बड़ा हूँ,

क्यों मुझसे तुम काँप रहे हो।।

अपना कहकर मान दिया पर

तुम घर के अंदर साँप रहे हो।।

अपने निज स्वार्थ के खातिर,

हमको हिस्सों में बाँट रहे हो।।

झूठ पटल पर आ सकते हैं,

क्या इस डर को भाँप रहे हो।।

समझ गया तुम बूढ़े हो फिर,

काहे को इतना खाँस रहे हो।।

जब तक झूठी हाँप रहे हो,

तब तक मीठा फाँक रहे हो.....

#अरविंदसेमवाल

<u>वक़्त</u>

वक़्त आगे बढ़ रहा है,

मैं पीछे रह गया हूँ, शायद

अब किसी से राब्ता क्या रखूँ,

जो कहना था कह गया हूँ,शायद।।

मैं उसके उस पते पर पहुँचा हूँ,

जिस पते पर अब वो रहता नहीं, शायद।।

उसे आज भी मेरी जरूरत तो है,

बस किसीसे अब वो कहता नहीं, शायद।।

एक अरसे बाद भी मैं वहीं खड़ा हूँ,

जहाँ से बरसों पहले गुजर गया हूँ ,शायद।

मेरे ख्वाब अब भी उसे हैं,

पर मैं थक कर कहीं तलाशते ठहर गया हूँ, शायद।

जिन बारिशों ने भिगोया रूह को,

वो मौसम अब बदल गया, शायद।

बेतहाशा रोकर जब आंख सूखती हैं,

लगता है अब दिल संभल गया,शायद।।

लोग कहते हैं कि वो कबका जा चुका है ,

लगता है मुझमें कुछ वो रह गया शायद।।

अब किसी से राब्ता क्या रखूँ.....

#अभिदेव

मैं तुझे बस इतना जानती हूँ।

ये उम्र आगे बढ़ती रहेगी,जिंदगी भी,

कल मुलाकात कम भी हो सकती हैं।

ये दोस्ती जो बेतहाशा हँसाती रही है,

दूरियों से आँखे नम भी हो सकती हैं।

एक दूसरे से साझा होकर ,

खुश रहेंगे,

मैं तुझे बस इतना जानती हूँ।

मुझे हमसफर की तरह,

तेरे ख्याल नहीं आते।

मगर तू तन्हाइयो मैं,

मन के भीतर मुझे गालियाँ दे।

मैं तुझे अपने पास मिलूंगी,

मानती हूं यही तू करेगी।

मैं तुझे बस इतना जानती हूँ।

ये वक़्त पहले भी तोड़ कर गया मुझे,

मगर तेरे संग गम खुशी से चला गया।।

मेरे लिए महफ़िल और शाम तब ढली है,

जब सुना कि तू अचानक से चला गया।।

अब तेरा होना मेरे आखिरी तक है,

मैं तुझे बस इतना जानती हूँ।।

हम वो नहीं जो एक राह मिल गए थे,

मुलाक़ातों से पहले हमको फासले मिले थे।

फिर वो वक़्त का सबसे अजीज तोहफा,

जहाँ हमारी सोच, शर्तें और रास्ते मिले थे।।

ख्वाब की खिड़की से दूर जब झाँकती हूँ,

तू मुझे मेरे साथ दिखेगी,

मैं तुझे बस इतना जानती हूँ।।

हम एक दूसरे को संभाले आये हैं,

लगता है हम एक दूजे के साये हैं।

किस्से ये कहानी बस यही कहती है,

हमने एक दूजे से वादे निभाये हैं।।

तू यूँ ही मेरी तरफ खड़ी रहेगी,

मैं तुझे बस इतना जानती हूँ

#अभिदेव

अधूरापन

मेरी साँसों में है अधूरापन ,

आह भरना मेरी आदत नहीं है।

दर्द को हमने दिल में जगह दी,

सो दर्द से कोई राहत नहीं है।।

रोज आकर गले से लिपटता ,

गम है हमारा, चाहत नहीं है।।

भूख इस कदर हताश हो गयी,

हमें मुफलिसी से शिकायत नहीं है।।

दुश्मन यूँ अपने कायदे में रहा,

खिलाफत है मगर अदावत नहीं है।

उसके लिये दिल को महफूज़ रखना,

बेवकूफी है इश्क़ की, हिफाज़त नहीं है।

वो आसमां की तरह रंग बदलता रहा,

उसकी बरसते बादलों सी बनावट नहीं है।।

मुश्किल हालात में रोना पड़ा,

आँसु हैं कोई विरासत नहीं है।।

मेरी साँसों में है अधूरापन....

<u>#अभिदेव</u>

<u>कभी महसूस करके देखना,</u>

ये दिल किस हवाले किस हाल में जी रहा है।

बैठना कभी मयखाने में किसी, और देखना,

कौन किस गम किस मलाल में पी रहा है।।

कभी महसूस करके देखना।

कैसे किसी ने दिल में जगह बनाकर,

किसीको तन्हाइयो के जंगल छोड़ा है।

कैसे किसी बाग में खिल गया वो फूल,

जिसने अपनी जगह को बंजर छोड़ा है।।

कभी महसूस करके देखना,

हताश हालों में प्यासा इंसान क्या है,

<u>#अभिदेव</u>

<u>एक ठोकर रास्ते की,</u>

एक घाव जिसकी कहानी है।

एक दौर जो गुजर गया,

याद अब भी मुह जबानी है।

हौसला क्यों जरूरी है,

क्या मेहनत क्या जी हुजूरी है।

ये सवाल इतना क्यों बदलते हैं

और क्यों जवाबों से इतनी दूरी है।।

हर मोड़ पर कोई ख्वाईश अधूरी है,

कभी मंजिल कभी रास्ता जरूरी है।।

कभी बारिशें भिगो कर सुकून देती थी,

ये भीगा सावन लगता क्यों मजबूरी है।।

हादसों के शहर छोड़ा गया हमको,

तसल्ली से फिर तोड़ा गया हमको।

हमको हमसे बहुत दूर ले जाकर,।

अकेला वापस मोडा गया हमको।

#अभिदेव

<u>एक उदास सख्श को,</u>

दिल में बिठा दिया है।

यादें तस्वीर सी दीवारों पर हैं,

मगर देखने को दिल तरसे,

यूँ कोई याद आता नहीं है।

होते हैं हादसे हजारों,

रोज दिल के गलियारों में।

बता देते हैं लफ्ज़ हाल,

पर उन हादसों की वजह,

दिल किसी को बताता नहीं है।

गम ये नहीं कि वो चला गया,

हाँ ये है कि गम भी चला गया।

कुछ भी महसूस करता नहीं दिल,

हाँ जो हुआ भरम कि चला गया।।

<u>#अभिदेव</u>

ये इस लम्हें में इस शहर में हो रहा है,

एक सख़्श हँस रहा है एक रो रहा है।।

दिल के साथ ये खेल होता रहा है,

वो किसी को पा रहा है ये खो रहा है।।

वो चुभन बन कर अब मर्ज बन गया है ,

सुकूँ, साथ, हौसला और दवा जो रहा है।।

मेरे अंदर एक अर्शे से दो सख़्श रह रहें हैं

एक रोज उठता है एक कबसे सो रहा है।।

सच यही है कि वो बहुत दूर जा चुका है,

पर यही लगता है कि आना जाना तो रहा है।।

एक खयाल मर गया जेहन में कहीं,

एक खयाल कबसे उसको ढो रहा है ।।

एक जमीन सुख कर बिखरने लगी है,

वो दूसरी जमी पर फ़सल बो रहा है।।

ये इस लम्हें में इस शहर में...

#अभिदेव

<u>लिखता जिंदगी की हक़ीक़त,</u>

मगर ये भरम लिखने नहीं देते।

कहती है जरूरत, बेचो इमान

मगर ये वसूल बिकने नहीं देते।

एक आवाज़ सिरहन बन गयी फिर,

पुराने धोके दिल को बहकने नहीं देते।

उसने मेरे दिल को कैदखाना बताया,

अब दिल में किसीको ठहरने नहीं देते।।

हम उसकी गालियाँ कबकी छोड़ आये,

खण्डर ख्याल नया शहर बसने नहीं देते।

प्यास को तड़पा के मार दिया जाता है,

खुद को अब और हम तरसने नहीं देते।।

तन्हापन, उदासी,धुँवा, शराब यही काफी है,

इससे ज्यादा आदतों को बिगड़ने नहीं देते।।

एक कफन रूह को आगोस में ले बैठा है,

ये बाकी है कि उसे बदन से लिपटने नहीं देते।

बंद कमरे में अंधेरो से दीवारों से झगड़ते हैं,

हिज़्र में हौसले को खुदकुशी करने नहीं देते।

माना कि अधूरापन मिला है उस कहानी से,

पर अधूरी कहानी के मंजर को मरने नहीं देते।

लिखता जिंदगी की हक़ीक़त.....

#अभिदेव

हमको भरम मिले,

तो हौसला मिला है।

मैं ही तेरी कहानी हूँ,

कहके सिलसिला मिला है।

कोई हताश हो न हो,

दिल तो बार बार मरता है।

ख्वाब जिससे नाता रहा नहीं,

वही हर पल तार तार करता है।

नदियाँ जब चट्टानों से गिरती ,

उनका यौवन- रूप निखरता है।

जो अंधेरो में रोशन स्वप्न निहारे,

वही कण बनकर धूप बिखरता है।

मैं किताब का सुखा गुलाब हूँ,

वो कभी कभी पन्ने पलटता है।।

एक दरिया में डूब कर मर गया,

एक किस्सा कुछ यूँ सिमटता है।।

आँसू जबसे आंख के थम गये,

दिल अन्दर जार जार रोता है।

तपिश जिसपर सोना पिघलता,

लोहा तपकर हत्यार होता है।।

हमको भरम मिले......

#अभिदेव

मेरी हिज़्र में कटी रात का एक मंजर तुम अपने ख्वाब

,

तुम्हें यकीन होगा कि कबका मर गया हूँ।

जिस छत पर हँसी ख्वाबो की पर्चियाँ लिखी थी,

उसी छत से जब तुम्हें लटकती एक रस्सी दिखने ल

तुमको खबर होगी कि किस हद से गुजर गया हूँ।

ये अधूरापन ये मरने गुजरने की बातों का हौसला क्य

क्यों ये मेरे अंदर से इतना तेज़ चीखते हैं किसकी वज
किसने मेरे सागरों का खारापन बड़ा कर
मुझे दरिया के किनारों से दरकिनार कर दिया।

कोई एक सख्श जिसको ये हक़ दिया ,

उसने अपने सफर की जरूरतों के नाम ,

आधे रास्ते,छोड़ कर मुझको ये बताया।

की मैं उसकी जरूरतों मैं भी नहीं था।

अब यही किस्सा कभी उसकी जानिब चढ़,

उसके सिर हो जाये जैसे मेरे हो गया था।

ये मैंने किसी जानिब चढ़ कर दुआ नहीं मांगी,

गर ये चाहा है मैंने अपना सिर घण्टों पकड़ कर,

चीखती आवाज़ों को अपनी अपने हाथों घोट कर,

सिसक कर बन्द कमरों में अंधेरो में बंद खिड़की,

क धुंवे का लोबान जलता रहा अंदर भी बाहर भी।

फिर यही फितरत बन गया यही लहजा हमारा,

अभी जब ये सोचने को विवश होकर सोचता हूँ,

तो उसके वृत में खुद को पाना अचम्भव है।

उसके लबों पर नहीं पर उसके माथे पर सिकन ,

कहती है मुझसे की आ चुम मुझको, सुकू देदे।।

वो अभी भी लगता है बेहसाब अच्छा मगर,

जीस ताज़गी से महकता था मन मेरा , वो नहीं।

ये हवस की बेलौस शाम उसे अपना के लूट गयी,

उसे शिकायत मुझसे थी मगर अब वो, वो नहीं।

#अभिदेव

राास्ते दूर जा रहे हैं ,

चल मैं रहा हूँ।

जैसे शाम हो रही है,

ढल मैं रहा हूँ।

सूरज रोशनी देता है,

जल मैं रहा हूँ।।

तपिश किसी और को,

पिघल मैं रहा हूँ।।

उसका आज कोई और,

मगर कल मैं रहा हूँ।

फिसला वो है फैसलों से,

मगर संभल मैं रहा हूँ।।

प्यास उसकी नहीं बुझी,

मचल मैं रहा हूँ।।

बदला है सुकून उसने,

खलल मैं रहा हूँ।।

वो नादान लगता रहा,

कमअकल मैं रहा हूँ।

उसके कमरे में अक्सर,

दरसअल मैं रहा हूँ।।

उसे पसन्द नहीं थी,

वो गजल मैं रहा हूँ।

सरिता सी बह गई वो,

और अटल मैं रहा हूँ।।

रास्ते दूर जा रहे हैं....

#अभिदेव

वो गैरो मैं खुश है तो ,

गैर मैं हो गया हूँ ना ,

बताओ तुम मुझे फिर,

मैं देर हो गया हूँ ना !!

ये कैसी दिलकशी है दिल में,

मैं फिर से ढेर हो गया हूँ ना !

उसे चाँद बनकर चमकना है,

ना चाह कर,अंधेर हो गया हूँ ना !

तसल्ली उसको मिली तो होगी,

मैं गम का शेऱ, हो गया हूँ ना !

उसने मुझको ही जहाँ कहा था,

खेर अब छोड़ो, खेर हो गया हूँ ना !

उसे वो यूँ रास आ गया है अब,

मैं तो उसका बैर हो गया हूँ ना !

वो उसकी रातों का अलाव है,

मैं ठंडी सबेर, हो गया हूँ ना !

पहले दिल का सख्त था मैं,

अब दिलेर, हो गया हूँ ना !

मैं आँसू संभाले रखता था,

आँसुओ का कुबेर,हो गया हूँ ना !!

इम्तिहाँ मैं उसने हाथ छोड़ा ,

मैं अकेला फ़ैल, हो गया हूँ ना !

सफर हमने साथ काटा यहाँ तक,

मैं अब तन्हा रैल, हो गया हूँ ना !!

वो मेरी बाँहो में मेहफ़ूज़ था,

अचानक जेल, हो गया हूँ ना !

वो दिया -बाती से जगमगा रहे,

मैं दिए का तेल, हो गया हूँ ना !!

वो गैरों मैं खुश है तो,

गैर मैं, हो गया हूँ ना !

बताओ तुम मुझे फिर,

मैं देर, हो गया हूँ ना !

#abhidev_तृष्णा

किरदार

किरदार निभाया जा रहा है,

नाटक दिखाया जा रहा है।।

वो एक अधूरे सफर से लौटा है।

उसे काबिल बनाया जा रहा है।।

वो गलत रस्तो पे आकर खड़ा है,

हर मोड़ पर यही बताया जा रहा है।

समंदर ज्यादा खारा हो सकता है,

उसे वक़्त पर डुबाया जा रहा है।।

एक अधूरी कहानी की कहानी है,

फिर वही किस्सा सुनाया जा रहा है।।

उससे हार जाऊँगा, हर सख़्श जानता है,

ख़ामो खां अदालत में बुलाया जा रहा है।

#अभिदेव

एक सख़्श पर खर्च हो गये,

इससे ज्यादा कोई हिसाब नहीं।

हाँ दर्द होता है कभी सोचकर,

क्यों उसे इतना भी लिहाज नहीं।।

ये मेरे चीरे गये दिल के खाने हैं,

पुरानी लकड़ी का दराज नहीं ।

यहाँ हर वो खत पूरा महफ़ूज़ है,

जिसका हर्फ़ भी उसे याद नहीं।।

तेरा दरवाजा बंद हो गया तो क्या,

बस बेघर हो गया दिल बर्बाद नहीं।

महज़ एक बार ही जुड़ता है दिल ,

टूटा जो दिल ,दिल का इलाज नहीं।

तेरे जाने से अधूरे हुए रास्ते मंजिले,

जो मैं तेरे साथ था तेरे बाद नहीं।।

वो रोज हमको लेने पहुँचती है पर,

हम रोज उसे ये कहते , आज नहीं।।

गुटरगूं करते बस कबूतर हैं,

मुंडेर पर बैठते बाज नहीं।

जिनका इश्क़ मुकम्मल हो,

लिखते होंगे मगर,किताब नहीं।।

एक सखश पर खर्च हो गये....

#abhidev

<u>मेरे ख्वाब</u> मेरी चाहत,

बदसलूकी भर गये जिंदगी में।

कोई शौक कोई आदत हावी नहीं है,

फिर भी बरबादियाँ हैं जिंदगी में।।

अकेले ही चला हूँ जिंदगी की राह पर,

अदावत रखने वालों की कमी नहीं है।

आँख रोई ज़ार ज़ार बहुत देर तक रोइ,

अंधेरो को खबर है उजालो को नहीं है।।

वो चाहता तो दुआ दे सकता था,

उसने भी बस ये सजा दी हमको।

पहले इश्क़ की आयतें पढ़ाई गयी,

फिर ये आवारगी अता की हमको।।

कभी तो हाल ऐ दिल की बात हो,

तेरा साथ हो और लम्बी बरसात हो।

हर दिन हर लम्हें हताश फिरता रहा ,

तेरे साथ एक पल की हंसी रात हो।।

मंजिलो ने अपना पता हमसे छुपाया,

जिसने जितना चाहा हमको भरमाया।

माना कि कुछ देर यहाँ तन्हा बैठना था,

यहाँ मखमली बिस्तर किसने बिछाया।।

दर्द से हमबिस्तर होकर देखना तुम,

खुशी को दर्द बेचकर देखना तुम।

किस तरह जिंदगी मजाक बनती है,

दर्द पर बनी कोई पिक्चर देखना तुम।।

हर वक़्त एक सवाल तैरता है जेहन में,

अधूरेपन का ख्याल डूबता है जेहन में।

वो छोटा पेड़ बनकर रह गया है,जेहन में

जो रोज उगता है सूखता है,जेहन में।।

मेरे ख्वाब,मेरी चाहत,

बदसलूकी भर गए,जिंदगी में।

#अभिदेव

बरसों से इस ख्याल में जी रहा हूँ,

कि मैं आ रहा हूँ वो जा रहा है,।

वो नया घर बसा कर उसे सजा रहा है।

मुझे लगता है मेरी पेंटिंग बना रहा है।

बेवफा आँखों ने उस खूबसूरत को,

देखो तो सही कहाँ खड़ा कर दिया है।।

मैं उसे जानता हूँ बरसों से कह रहा था,

फिर इसी बात पर झगड़ा कर दिया है।।

ये जनम जनम का झूठ घर कर गया है,

अगले जन्म में मिलना तय कर लिया है।।

वो मेरी हताश आंखों के हाल जानता है,

सो उसने पत्थर अपना हृदय कर लिया है।।

मेरे खिलाफ होकर मेरी खुशी की दुआ ,

उसने मुझको मेरा दुश्मन बना दिया है।।

एक सही और एक गलत ,यही जानता हूँ,

उसने मेरे फैसलों को उलझन बना दिया है।।

#अभिदेव

पकड़ कर तुम्हारा हाथ,

वो बोसा दे किसी और को।

बदन से तुम्हारे खेलता रहे,,

भरोसा दे वो किसी और को।।

तुम्हें इश्क़ की सूली चढ़ाकर,

वो हौसला दे किसी और को।

हमसफ़र तुम्हें कहता रहे वो,

हमनवा कहे किसी और को।

तुम्हारे हाथों की महँदी मिटाकर,

दिल में पनाह दे,किसी और को।

तुम्हें वो शहरों में कहीं बसाकर,

अपना गाँव दे, किसी और को।

तुम्हें ख्वाबों की जमी बताकर,

वो मीठी छाँव दे किसी और को।

तपती रेत सा अधूरा छोड़ तुम्हें,

अपनी श्याम दे किसी और को।।

तुमसे हासिल किया जहाँ उसने,

और वो नाम दे किसी और को।।

जैसे काम लेकर किसी और से,

मालिक आराम दे किसी और को।

तुम उसे जी भर देखना चाहो,

वो देखता रहे, किसी और को।

पलट कर सोचना तुम फकत ये,

कैसा लगता होगा, किसी और को।

"एक मरीज तुम्हारी चँगुल पड़ गया,

मानता नहीं हाकिम,किसी और को।

उसे हमारी उदासी की दवा मिली नहीं,

जानता नहीं नाजिम,किसी और को।।

पकड़ कर तुम्हारा हाथ......

#अभिदेव

वो चाहत है हमारी,

कि ये विरासत है हमारी।।

अब वो हमारा नहीं रहा,

बस यही शिकायत है हमारी।

हमें फाँसी की सजा हुई है,

और ये अदालत है हमारी।।

जिंदगी से उकता गये हैं,

बस यही वकालत है हमारी।।

जीने से यूँ डर लगने लगा है

मौत अब हिफाजत है हमारी।।

इश्क़ से बच कर निकल आना,

अब यही हिदायत है हमारी।।

तुमसे कहने में कुछ न जाएगा,

हाँ मगर ये फजीहत है हमारी।।

तुम अच्छी कहानी सुन रहे हो,

असल में ये असलियत है हमारी।।

ये दर्द की आयतें नई नई हैं,

दर्द में तो विसारत है हमारी।।

गलत को हमने यूँ सही माना,

खुद से अब खिलाफत है हमारी।।

वो चाहत है हमारी,

बस यही शिकायत है हमारी।

अगर रूह है उर्दू साँस है हिंदी,

है अगर उर्द माँ, सास है हिंदी।।

ये मायने किसी और जुबान के नहीं,

कि करीब है उर्दू तो पास है हिंदी।।

बेहर, बेबहर, बेख्याल, बदजुबानी,

अचरज है गर उर्दू तो खास है हिंदी।।

है मातम शहर में गली में कूचे में,

तो नम है उर्दू और उदास है हिंदी।।

दिल जब किसी का सच में टूटता है,

तो एहसास है उर्दू आभाष है हिंदी।।

नाम के मसलो पर झगड़ने वालो ,

यहाँ मुंतशिर है उर्दू विश्वास है हिंदी।।

हम जो अगर फिर एक फेर बाँटे गये,

तो कैद में रहेगी उर्दू और दास है हिंदी।।

तलब के कायदे समझ, थोड़ा ठहर जा

कि अगर तलाश है उर्दू प्यास है हिंदी।।

#अभिदेव

हमारे बाग में मरने लगा वो फूल,

जी रहा किसी के बाग ,अच्छा है।

वो आज है बेदाग कि हम सामने आये,

हम पर है जो ये दाग, अच्छा है।।

वो जिसकी हक़ीक़त बिक चुकी है,

मुझे कहता है तेरा मकान, कच्चा है।।

आँखों से बहा डाले सब प्रेम सागर,

इन आँखों में अब तूफान, अच्छा है।।

वक़्त सबको देता है झूठ की पनाह,

वक़्त ही बताये कौन कितना सच्चा है।।

चोर जब बेपर्दा हुआ एक दिन दुका पर,

कहने लगा तुम्हारा नजरिया अच्छा है।

ये कहानी सिमट कर रह गयी "अभिदेव",

तू ये किरदार, अभी दे छोड़ ,बच्चा है।

इश्क़ से शुरू फासलों पर खत्म हुई,

कुछ भी कहो कहानी का मोड़ अच्छा है।।

हमारे बाग में मरने लगा वो फूल.....

#अभिदेव

जिनका साहिलों पर हाथ छूट जाता है,

उनका दरिया पर से भरोसा टूट जाता है।

जिसे एक सख्स ने जी जान से मारा हो,

सुनाकर नज्म एक महफ़िल लूट जाता है।।

साया हटकर सामने से जब धूप लाता है,

बाग का ठिठुरता पौधा तब सुख जाता है।

वो जिसे लोग सराफत के ताने तंज देते हैं,

जानकर सच मय घटक कर घूट जाता है।।

जिनके चेहरों पर शाकाहारी नूर आता है,

उनके घर काली पन्नियों में झूठ जाता है।।

उसे हमने बैठकर जिंदगी का सच बताया,

उम्र जब सिमटती है पहले रूप जाता है।।

उसे बाप की फिजूल बातो पर रोष आता है,

जो बाप की मेहनत पे झूला झूल जाता है।।

उसने कितनी रात उसे रोने पर गले लगाया,

अपनी उम्र पर हँसते हँसते ,बेटा भूल जाता है।।

जिनका साहिलों पर हाथ छूट जाता है।

#अभिदेव

कोई जिद करके पूछे तो बतलायें गम,

अना तो आयने से भी कहने नहीं देती।

उसकी पाजेब का एक दाना गायब हुआ,

सखियों को तबसे अपने गहने नहीं देती।।

हताश हालों में अक्सर वही याद आता है,

जिंदगी जिसे हमारे पास रहने नहीं देती।।

वो लांश ठहर कर पानी में खाक होती है,

जिसे नदियां सँग अपने बहने नहीं देती।।

वो हमारी तरफ खड़ा हमको यूँ सम्भाले है,

जैसे छिपकली दीवार को ढहने नहीं देती।।

यूँ तो बरसों से दिल में सैलाब समाये बैठे हैं,

मगर आँख रो देती है अब सहने नहीं देती।।

कोई ज़िद करके पूछे तो बतलायें हम...

#अभिदेव

मेरी तन्हाइयों से,

तेरी दुनियां में,

हलचल तो नहीं है।।

नई चाहत तेरी,

मेरी तरह कहीं,

चंचल तो नहीं है।।

तूने फिर प्रेम की,

नयी नीब रखी।

कहीं यह प्रेम,

अतल तो नहीं है।।

माना कि दुनियाँ,

दलदल से भरी है,

पर तू भी कोई,

कमल तो नहीं है।।

इश्क़ में गलतियाँ,

सब हमारी रही हैं,

पर प्रेम तेरा भी,

अमल तो नहीं है।।

मेरे रोने पर जमाना,

वाह वाही करने लगा।

तू ही बस जानता है,

ये कोई गजल तो नहीं है।

अपना नाम लिख कर,

मिटाना भी जायज़ नहीं समझा।

ये हृदय है मेरा लहू का,

किसी कक्षा का पटल तो नही है।।।

माना कि पलट गये,

हम भी पन्ने भी कुछ।

मगर तू नहीं पलटा ,

तू कोई अटल तो नहीं है।

मेरी तन्हाइयो से,

तेरी दुनियाँ में,

हलचल तो नहीं है।

मुझे याद करना,

मुझे याद आना,

तेरी जिंदगी की,

दखल तो नहीं है।।

मेरी तन्हाइयों से तेरी दुनियाँ।

#अभिदेव

<u>कोई अदावत कोई रिश्ता बाकी नहीं है,</u>

मगर उसके सुकू के लिये ये काफी नहीं है।।

यहाँ झूठे गवाह खरीद लिए जाते हैं मगर,

इस जहां में सच बोलने पर माफी नहीं है।।

उसके जाने से उसके बगैर नींद आती नहीं है,

जहाँ उसे ढूँढा गया है वहाँ अब वो जाती नहीं है।

हमको दफन होने का हुनर अता कर दिया उसने,

हमारे हौसले को दफन कर दे, ऐसी माटी नहीं है।।

रंज, धोके, तमाशों से झुलसता रहा है इश्क़ ,

हमारे मसले में मसला कोई जाति नहीं है।।

मैं सब उसके चेहरे पर पड़ लेता हूँ साफ साफ,

हैरान होता हूँ कि सिकन चेहरे पर वो लाती नहीं है।

ये नहीं कि याद उसकी अब सताती नहीं है,

रूह डर के मारे हमको अब बताती नहीं है।।

वो जो रात को सुबह करती थी इंतजार में,

वो कभी सूरत भी हमें अब दिखाती नहीं है।।

कोई अदावत कोई रिश्ता बाकी नहीं है.....

<u>#अभिदेव</u>

महज पर्दे पर बने रहना काफी नहीं,

हमको किरदार भी पसंदीदा चाहिए।

करना है हासिल जहां से बहुत कुछ,

मगर रूह भी हमको जिंदा चाहिए।।

<u>#अभिदेव</u>

<u>ये मेरी नादानी कि,</u>

दुनियां की समझ को,

समझदारी समझता हूँ,

ये है परेशानी की घाटे को,

खुद्दारी समझता हूँ।।

ये सच है मैं अपनी पेशगी को,

खुद की जिम्मेदारी समझता हूँ।

मैं सच को आज भी अमृत और,

झूठ को छूत की बीमारी समझता हूँ।।

जो आज दुनियाँ को भा रहा है,

उसे आज भी आवारी समझता हूँ।

जो रगों में लहू को बहने नहीं देता,

उसीको मैं सबसे प्यारी समझता हूँ।।

ये हल्का सुरूर सुकून बन गया मगर,

उसे खुदपर आज भी भारी समझता हूँ।।

जो मेरे लहजे पर टोक देते हैं मुझको,

मजबूरन मैं उनसे भी यारी समझता हूँ।।

जो रुक गया उसे अब भी जारी समझता हूँ,

समंदर ठीक है रेत को भी खारी समझता हूँ।।

मदहोशी तो बदनामियों की यकीनन हकदार है ,

मैं होश आने को भी अब खुमारी समझता हूँ।।

मैं अपनी अच्छाइयों को अब बीमारी समझता हूँ,

गलतियाँ अपनी और खता तुम्हारी समझता हूँ।।

ये मेरी नादानी की दुनिया की समझ को,

समझदारी समझता हूँ।।।

#अभिदेव

क्या वो नदियाँ सुख जाती हैं ?

जो समंदर तक नहीं जाती।

हुई सरिताएं विलय प्रयाग पर,

क्या प्रकृति उनकी गाथा नहीं गाती?

यह प्रेम फिर क्यों,

दरिया किनारे डूब जाता है।

क्यों विलय के एकमत को,

भूलकर कोई गंगा बहाता है।।

सघन जंगलो में फैली आग,

हर जीव तट का बुझाता है।।

है प्राणी इकलौता धरा पर,

जो आग दिल की लगाता है।।

संवाद के अधूरेपन से प्रेम,

अमर होता रहा है सदियों से।

जहाँ इश्क़ पर किताबें लिखी गयी,

वहाँ आशिक़ रोता रहा है सदियों से।।

त्याग की श्रेष्ठता ने प्रेम के अस्तित्व को,

कर उजागर उसे गुलाब से कोमल बताया।।

पहले हृदय के अतल पर बैठ झूला झुलाया,

फिर अपनी खुशी में आँख से ओझल बताया।।

सारे वचन हमको याद हैं ,

ये नम आँखे ये हाल ,

गवाह के तौर काफी हैं।

पर अदालत में हमारी भी,

और तुम्हारी भी,

उसे हर अदालत में माफी है।।

चंचलता से चंचला गये हैं हम,

मुझे भी उसे भी भुला चुके हैं हम।

मैं रोया न कभी उसे हँसना पसंद था, मगर

मुझे भी उसे भी रुला चुके हैं हम।।

लकीरें कुछ भी तो बताती नहीं हैं।

किस्मत किसीको सताती नहीं है?

दुनियां चल रही है एक वसूल पर,

कि दुनियाँ कुछ भी छुपाती नहीं है।।

#अभिदेव

हमने लब वो चुम लिए,

जिनकी प्यास थी सबको।

वो हमारी आस बन गयी,

जो करती निराश थी सबको।।

वो नजर हमसे आ मिली,

जिनकी तलाश थी सबको।।

हम उन आँखों में बस गए,

छोड़ती थी जो हताश सबको।।

हम उसके पास रहे हैं,

जो समझती दास थी सबको।।

एक हमारी कदर न हुई,

और वो लगती खास थी सबको।।

#अभिदेव

एक दरिया हताश है मेरे आगे,

एक प्यास बरसों से बुझी हुई है।।

एक जिंदगी गुजर बसर ढूंढती है,

एक तनहाइयों के शहर बसी हुई है।।

एक हौसला हार कर थम गया है,

एक आस अब तक बनी हुई है।।

एक जंग जीत कर मैं हार बैठा हूँ,

एक इश्क़ से अब तलक ठनी हुई है।।

एक तरफ दिल पर बोझ आ गया है,

एक तरफ साँस में उसकी कमी हुई है।।

एक तरफ मुझको आजाद कर दिया है,

एक तरफ वो परत परत जमी हुई है।।

एक शहर बस कर वीरान हो गया है,

एक घड़ी उस वक़्त से रुकी हुई है।।

एक ख्याल फिर से अधूरा रह गया है,

एक सवाल से रूह फिर रुँधी हुई है।।

एक दरिया हताश है मेरे आगे....

#अभिदेव

हर नजर पूछती है,राज कितने हैं।

अधूरे सुर पूछते हैं, साज कितने हैं।।

बहुत मिले हैं लोग , याद कितने हैं।

क्या फर्क पड़ता है मेरे बाद कितने हैं।।

दिल पर हावी ऐसे, एहसास कितने हैं।

मेरे घाव अनगिनत ,तेरे पास कितने हैं।।

सबके लिए आँसू थे, अब साथ कितने हैं।

कितने जेहन का खेल और मात कितने हैं।।

इस चमचमाते शहर में, बर्बाद कितने हैं।

लिबाज तो अमीरी है , नकाब कितने हैं।।

उसकी दहलीज पर बैठते, शाह कितने हैं।

उसकी हँसी बटोरते हैं पर , आह कितने हैं।।

गम सभी का बोझ है मगर बेजार कितने हैं।

हत्यारों का खौफ नहीं मगर यार कितने हैं।।

हर नजर पूछती है।

#अभिदेव

मेरी जागीर है मेरा मकसद,

मेरा मकसद धन्दा नहीं है।।

ठोकरों से रोज मिलता हूँ ,

पर जमीर मेरा अंधा नहीं है।।

फिजूल बातों से दिल घायल,

पर दर्द मुझमें जिन्दा नहीं है।

खुदकुशी आकर लिपटती है,

पर जहर कोई फंदा नहीं है।।

वीरानियों से भर गया शहर,

बाजार फिर भी मंदा नहीं है।।

नीलाम होकर ख्वाब पूरे किये,

उसके पास कोई चंदा नहीं है।।

मेरी जागीर है मेरा मकसद..

#अभिदेव

पहले किताब सा पड़ा गया फिर,

लिबाज सा उतारा गया हमको।।

एक दौर था सीने से लिपटे रहे फिर ,

एक वक़्त दूर से पुकारा गया हमको।।।

कितना मुश्किल है उसके ख्वाब याद रखना,

जो हक़ीक़त में कभी रूबरू हुआ ही नहीं है।

उसके करीब आने की उम्मीद लिये बैठा है,

दिल का हाल जिसको कभी कहा ही नहीं है।।

लगता है वो एक दिन नामोजूद होकर रहेगा,

जो असलियत में पास मेरे कभी रहा ही नहीं है।

वो दर्द का लम्हा वो आँसू उसे हताश कर रहा है

जो उसकी रगों से आँखों से कभी बहा ही नहीं है।

#अभिदेव

बुरा है अच्छा होना,

जैसे अच्छा नहीं है,

जमी पर खुदा होना।।

पा कर मुकाम सारे,

खुदमें गुमशुदा होना।

महोब्बत के हवाले,

खुदसे जुदा होना।।।

रात देर तक जागो फिर ,

वक़्त पर खड़ा होना।

खुदसे बेवफाई करके ,

किसीकी वफ़ा होना।।

चेहरे पर रख कर हँसी,

अंदर से गमजदा होना।।

सुन लिया हो झूठ उसका,

और सच भी पता होना।।

बर्बादी से संभल जाओ ,

तन्हाई से पर रजा होना।

आँसू तो बह गये सारे ,

फिर भी दिल का खफा होना।।

बुरा है अच्छा होना....

#अभिदेव

यूँ तो नज़्म मुझको ,

सम्भालती आयी हैं।

दिल का गुजारा मगर,

इनसे होता नहीं है।।

सोचता हूँ कैसे बयाँ करूँ,

क्या मुझ पर गुजर रही है।

जख्म आता है कागजो पर,

मेरा अक्स फिर होता नहीं है।।

तकलीफ लिखता हूँ घुटन को,

घाव भी वो जिसका मुखोटा नहीं है।

बेदिली बेवजह मेरा ईमान है,

अधूरापन कभी रोता नहीं है।

एक बरस यूँ गुजरा है सावन ,

बारिशों का रुकना होता नहीं है।

जेहन में एक खौफ पल गया,

की बीज कोई अब बोता नहीं है।।

दर्द जिसमें अब तक आह बाकी है

चुभन का खेल ये छोटा नहीं है।।

रूह कहती है चल अब लौट चलें,

महसूस ऐसा कुछ भी होता नहीं है।

यूँ तो नज्म मुझको ......

#अभिदेव

फासले वजूद लिख रहे हैं,

मेरा अब बचा क्या है।।

दिल जहाँ ठहरना चाहता है,

वहाँ मेरा अब रखा क्या है।।

दर्द जब महसूस होता नहीं है,

आँसुओ का फिर मजा क्या है।।

खुदा इन हालो में भी पूछता है,

उसके बारे में तेरी रजा क्या है।।

खुद ही खुदका वो काफ़िर है ,

एक अजनबी की खता क्या है।।

घुटन को उसने घर में पनाह दी है,

ऐसे मुलजिम की सजा क्या है।।

हँसके महफ़िलो की खिल्ली उड़ाता है,

उसके अंदर असलियत में दबा क्या है।।

अनसुनी अपनी आह जिसने कर दी है,

वो नहीं जानता रूह की सदा क्या है।।

जिंदगी दो चाँद रातों का खेल बस है,

ये कुछ पहरों का अंधेरा, भला क्या है।।

जान हाथों में लेकर एक किनारे बैठा है ,

गमजदा शहर में अचानक खला क्या है।।

वो उड़ता हुआ एक धुँवा होना चाहता है,

आधा अधूरा ही सही, पर जला क्या है।।

आँखों पर तो खरोंच तक आती नहीं है,

लहू के रँग सा आँखों से फिर बहा क्या है।।

वो खामोशियों से अक्सर बात करता है ,

वक़्त ने उसे आखिर ऐसा कहा क्या है।।

सवाल उससे सीधा तालुख रखते नहीं हैं,

फिर जवाबों की ये आस , बता क्या है।।।

फासले वजूद लिख रहे हैं....

#अभिदेव

जैसा कि अब मेरी तरफ़ कोई खड़ा नहीं है,

मेरा अब किसीसे कोई भी झगड़ा नहीं है।।

आती रही है आफत हमसे रोज मिलने ,

चाहतों से अब हमारा कोई रिश्ता नहीं है।।

एक बोतल शराब कबसे कैद है अंदर ,

साकी कोई यार हमको मिलता नहीं है।।

बड़ी हसरत भरी निगाहों से वो देखता है,

फितरत हमारी बोलती है कि तुमसा नहीं है।।

पत्ता पत्ता टूट कर जमी पर धराशाही है,

दर्द होता तो है पर दरख्त झुकता नहीं है।।

राख में शामिल होते रहे अनगिनत ख्वाब,

ज़िद पे चलता ये कारखाना रुकता नहीं है।।

जैसा कि अब मेरी तरफ.....

#abhidev

डूब कर मजधार में,

किनारा ,याद आता है।।

छुट जाता है हाथ जब,

सहारा ,याद आता है।।

भूख जब प्यास बनती है,

गुजारा ,याद आता है।।

अंधेरा खौफ बनता है,

नजारा ,याद आता है।।

जब रास्ते भूल जाता हूँ,

इशारा, याद आता है।।

उसे कोई जायज़ बताता है,

एक आवारा, याद आता है ।।

खाली जेब भारी लगती है,

एक बेचारा ,याद आता है।।

उम्मीद जब टूटने लगती है,

एक सितारा, याद आता है।।

लगता है कि भुला दिया है,

वो दोबारा , याद आता है।।

डूब कर....

#अभिदेव

मेरी आँखों में डूबा है एक दरिया,

तेरे साहिलों का खारापन ,

जिसको सूखा रहा है।

या कहूँ कि एक बुझती आग है दिल में,

तेरे न होने से।

तू पकड़ कर बाँहें किसीकी,

जिसे पल पल सुलगा रहा है।।।

जिन तस्वीरों में तेरा अक्स ,

मिल जाया करता था मुझे,

अब देखता हूँ गौर से उनको,

तो पूछना पड़ता है खुदसे ही,

की तू क्या क्या छुपा रहा है।।

मेरा दिन यूँ ही रात होता है,

क्या वो हर पल तेरे साथ होता है।

क्या तू फिर वही रस्में निभा रहा है,

उसे भी सारे जख्म और तिल दिखा रहा है।।

ये तन्हाई मेरी जान क्यों लेती नहीं है,

क्यों ये वक़्त मुझको इतना सता रहा है।

सारा शहर जब खामोशियो में दफन होता है,

रात के उस पहर मुझे ये क्यों लगता है,

कि तू आ रहा है।।

मेरी आहट से तेरा कमरा खुल जाया करता था,

क्यों तू आज फिर इतना वक़्त लगा रहा है।

मैं दहलीज पर खड़ा पल पल में धुँवा हो रहा हूँ,

तू अंदर बिस्तर पे कैसी आग बुझा रहा है।

मेरी आँखों में डूबा है एक दरिया,

तेरे साहिलों का खारापन ,

जिसको सूखा रहा है।

@अभिदेव

ये भ्रम मुझको खा गया है,

कि वो दरवाजे पे आ गया है।।

बड़े नाजों से जिसे हमने पाला,

वो पेड़ आँगन का मुरझा गया है।।

वो सख्श जिसको सुकून समझा,

वही मुझको सबक सिखा गया है।।

वो कहता था कि दुनिया भली नहीं,

फिर छोड़कर हाथ ये समझा गया है।।

सवाल जिसका जवाब हासिल नहीं,

कितने मरतबे हमसे वो पूछा गया है।।

जैसे किसी ने रात की पनाह दी हो,

और फिर रात भर उसे लुटा गया है।।

जिंदगी जैसे मानों उलझ के खुश थी,

और कोई गैर उसको सुलझा गया है।।

ये भ्रम मुझको खा गया है...

#अभिदेव

एहसास बोझ हैं दिल पर,

ये तन्हाई मेरी कहानी है।।

दर्द कबका बह गया है,

मेरी आँखों में बस पानी है।।

ये कभी सोचा तो नहीं था ,

मगर कैसी ये जिंदगानी है।

घाव मानों ताजा हो गया हो,।

मगर चोट जैसे पुरानी है।।।

मेरा रँग फीका कर गया है,

वो जिसकी रात सुहानी है।।

सभी के लिए गैर हो गया हूँ,

अब यही उसकी निशानी है।।

दफन हो गया अपने भीतर,

जिसका ख्वाब आसमानी है।

बना तो लिया बेजान खुद को,

मगर उसको रंजिश निभानी है ।।

एहसास बोझ हैं दिल पर,

ये तन्हाई मेरी कहानी है।।।

#अभिदेव

<u>सफर के मायने नहीं समझता,</u>

मैं निरंतर चलना जानता हूँ।।।

हार कर भी जीत होती है ,

हाँ मैं इतना जानता हूँ।।

गर्दिशों के हवाले रहे ख्वाब,

सो दर्द को भी अपना मानता हूँ।

हौसला जब साथ छोड़ देता है,

खुदा फिर भी मेरा है, मानता हूँ।।

एक तपिश मेरा बदन जला गयी है,

कौन अपना है पराया पहचानता हूँ।

सफर के मायने नहीं समझता,

मैं निरंतर चलना जानता हूँ।।।

हार कर भी जीत होती है....

<u>#अभिदेव</u>

वादों की तस्वीर बना कर,

मेरे आँसू को नीर बनाकर।

बहते बहते तुम बह जाती हो।

फिर भी थोड़ा रह जाती हो।।

<u>#अभिदेव</u>

यूँ तो शिकायत है नहीं किसी से,

मगर जिन्दगी,ये लोग मेरे काबिल नहीं हैं।

तमाशा देखने तो सभी आये थे मगर,

राख में मेरे सिवा कोई शामिल नहीं है।।।

<u>#अभिदेव</u>

<u>साहूकारों के घर से खाली हाथ लौटा हूँ मैं,</u>

किरदार है बड़ा मेरा भले आदमी छोटा हूँ मैं।।

गम मिले तो हैं उम्र भर के आँसू बनकर,

यही सोच हँस हँस कर रोज रोता हूँ मैं।।

जहाँ -जहाँ मुझको सूखा दिखाई पड़ता है,

वहाँ- वहाँ पर बीज सावन के, बोता हुँ मैं।।।

लोग मेहनत को मेरी किस्मत बताते रहे हैं,

जिसे नीलाम होना है वो सिक्का, खोटा हूँ मैं।।

लिबाज़ -पैराहन की जानिंब चढ़ रही दुनियां,

भीगो कर आत्मा को पहरों-पेहर , धोता हूँ मैं।

बेचैनियाँ बेबसी मुझको अपना घर बताती हैं,

सो आधी रात इनको सुलाकर, सोता हूँ मैं।।।

मुकाम आसमा है सो रास्ता अधुरा ही सही,

आबाद-बर्बादी से बराबर नजदीक,होता हूँ मैं।।

साहूकारों के घर से....

#अभिदेव

गुजरी गुजर -बसर पर खड़ी,

इस जिंदगी का हवाला क्या है।।

बहुत मदहोश होकर समझ आया,

असलियत में मधुशाला क्या है।।

नींद बदसलूकी पर उतारू,

नहीं जानते उजाला क्या है।।

हिज़्र,अंधेरा ,गम,आँसू कमाये

सिवा इसके अब गुजारा क्या है।।

चाहतों को सबने लत बताया ,

कोई बतलाये फिर सहारा क्या है।।

खुदको सबका खुदा बताने वाला,

हमको बतलाये अब नजारा क्या है।।

जिसने चाँद बाँहो में देखा हो,

वो नहीं जानता ,सितारा क्या है।।

खड़ा है सजा की हर कतारों पर ,

वो नहीं जानता, बिगाड़ा क्या है।।

यहाँ गम दो सूरतों के रक्खे हैं,

इसमें क्या मेरा, तुम्हारा क्या है।।

गुजरी, गुजर-बसर पर खड़ी,

इस जिंदगी का हवाला क्या है।।।

#अभिदेव

<u>इस रोशनी के शहर से,</u>

गाँव अच्छा है ,जानता हूँ।।

ठहर कर थम जाने से ,

बिखरना अच्छा है,जानता हूँ।।

कोशिशों के हार जाने से,

दिल टूटता है , जानता हूँ।।

सबक के बेरंग लिफाफों से ,

किस्मत बदलती है,जानता हूँ।।

बेदिली बेवफाओं की जानिब से,

नीचे उतर के हँसना है, जानता हूँ।।

गहरा डूब कर दरिया के किनारों से,

समंदर में फिर तैरना है, जानता हूँ।।

इस रोशनी के शहर से....

<u>#अभिदेव</u>

ये एक बस्ती है, बंजारे

मदारी खेल खेलेगा।

तेरी आँखों में आँसू हैं,

वो इसको खेल समझेगा।।

अंधेरी रात सुनसान होती हैं,

रोशनी में एक चराग तड़पेगा।

ज़ाया जो वक़्त कर गया है,

वो लम्हा बनकर याद तड़पेगा।।

किसी की आस बन के टूटा हो,

वो एक तारा कितनी बार टूटेगा।।

किसी अपने ने जिसको भरमाया,

वो शहर में पता किससे पूछेगा।।

फकत ये नहीं कि दर्द बस गया,

वो आखिरी तक मुकाम ढूँढेगा।।

पागल, टूटी दीवारों की जानिब,

खुरच खुरच,उसका नाम ढूँढेगा।।

ये एक बस्ती है, बंजारे।
<u>#अभिदेव</u>

<u>वो जो आँखे छुपा कर हँसता है,</u>

मेरे दिल पे फिरदौस सा गुजरता है।

वो जिसे ठहराव ही पसंद है महज,

वो मेरी पलकों से पल में बहता है।।

अजनबी है ताबीर उसका नाम पता है,

बस उसे ही चाहा इतनी सी खता है।।

ये रात सर्द उसके बगैर यूँ कटती है कि,

उससे एक बार मिलना हमको अता है।।

हमारी जिंदगी जिसके बगैर कट रही है,

ये बस एक उस सख्श को ही पता है।।।

हम कितनी बार क्यों कैसे सूली चढ़े ,

कमजोर रस्सी और तख्त को ही पता है।।

बेकसूर होने के ताव से जो मुलजिम हैं,

शहर उनकी जेल चराग उनकी सजा है।।

हम कभी ये न किसी को बता पायेंगे ,

की ये सब होने में भी उसकी रजा है।।।

#अभिदेव

ये जवाब मैं ना दूँगा,

कि सवाल आखिरी है।।

अब ये मानता है दिल,

की तू मलाल आखिरी है।।

जिंदगी का ये सफर है,

यहाँ ये साल आखिरी है।।

सब कुछ लगा है दाव,

की ये चाल आखिरी है।।

ये मेरा शोर आखिरी है,

कि ये बवाल आखिरी है।।

ये जवाब मैं ना दूँगा,

कि सवाल आखिरी है।।

#अभिदेव

बहुत कम कहानियाँ मुकाम तक पहुँचती हैं,

कुछ अधूरी कहानी हैं जिनका पता रास्ता देते हैं।

जैसे कुछ रिश्ते जिन्दगी की हक़ीक़त बनते हैं,

कुछ रिश्ते अधूरे होकर जिन्दगी को वास्ता देते हैं।

जैसे उसके फैसले आज भी मुझको वास्ता देते हैं,

कैसे हम उन वादों पर उसको आज भी रास्ता देते है

#अभिदेव

ये दौर है यार ,हम नहीं हैं।

जान लो,किसीसे कम नही हैं।।

बेदिली हमसे यारी रखती है,

और आँखे हमारी नम नहीं हैं।।

एक परिंदा उड़ना जानता है,

अभी परो में उसके दम नहीं है।।

किसीका जाना उसको यूँ खा गया है,

अब किसी भी बात का उसे गम नहीं है।।

वीरानियों में परेशान महज यूँ रहता है,

कि सर्द मौसम है उदासी है मगर रम नहीं है।।

जिंदगी ने हमको कितनी फेर तोड़ा है,

पर बनावट में हमारी खम नहीं है।।

ये दौर है यार, हम नहीं हैं।

#अभिदेव

मैं गैर था सभी का,

किसीके अपनो में,

शामिल नहीं था।

सारे हुनर मेरे पास थे,

पर मैं जमाने के ,

काबिल नहीं था।

यहाँ झुठ बिकता है,

सच नीलाम होता है,

कोशिशों से इंसान,

बदनाम होता है।

ये दिल क्यों रोता है,

बेचैनियों में सोता है।

रोज टूट कर बिखरे,

नये सपने पिरोता है।

Abhidev

<u>हमारी कमी हो आँख भर लेना,</u>

बीते लम्हों को याद कर लेना।।

कभी हम तुम्हें याद आने लगे,

तुम भी दिन को रात कर लेना।।

ये अब नहीं होगा कि

मिल सके हम दोबारा।

ये होना मुमकिन है गर,

मिल सके हम दोबारा।।

तुम्हारे बाद बचा ही क्या था,

अपने वास्ते रखा ही क्या था।

तुम मुझे एक रोज भूल जाना,

मैं एक रोज दुनियाँ से चला जाऊँगा।।

कोई बेहर नहीं हाजिर मेरे खयाल में,

जबसे जिंदगी में तुम शामिल नहीं हो।।

ये कलम भूल बैठी है मुझे,

ये दिल मेरी बातें नहीं सुनता।

ये हँसी असलियत खो बेठी,

ये आँसू बिन बात बहते हैं।

मेरा चलना फिरना रुक गया है,

मेरे ख्वाब थम गये हैं,

मेरी नींद उजड़ गयी है।

मेरी सुबह थकी हुई है,

मेरी शाम बिकी हुई है।

मेरी रात तन्हा है,

मेरी साँस थमी हुई है।।

कभी इस किनारे अगर आओगे तुम,

किनारों का मतलब समझ जाओगे तुम।।

मेरी मुठी में कैद ख्वाबों को छीन लेगा क्या,

वक़्त बुड्डा बच्चे से कबड्डी जीत लेगा क्या।।

वो जमादार खत पड़कर शायर बना मेरे,

असलियत में दोनों खुश बहुत हो तुम।।।

हमारे आयने ले गया वो,

और अच्छा किया।

हिज़्र के साथ , वस्ल की याद में,

उसके बिना हम कैसे दिखते हैं,

ये देखना मुमकिन नहीं था।

वो इतना जानता था,

तो फिर तन्हाइयो के बनबसे को,

क्यों वो हमारे सारे ख्वाब दे आया।

क्या उसे नहीं खबर थी कि

इन चन्द नस्वर चीज़ों में लिपट कर,

मेरा गुलाब भी आ गया है, सड़क पर।

खैर जब हम जिंदगी से बेदखल हैं,

तो सवाल क्यों हो जिंदगी पर,

मगर यकायक सोचते हैं,

यह अदालत कोनसे नुक्कड़ पर बनी है,

कोन है जो लेखा जोखा सम्भलता है,

कौन है जो सजा तय करता है मारता है।

किसने ये सजा के हुक्म लिखे,

किसकी पेशगी में कमी रही है,

कोन था वकालत का तीरबाज़,

किसकी तफ़्तीशो में कमी रही है।

ये जानकर मैं हैरान होता हूँ कि,

ये सब मेरा ही करा धरा है,

मैं ही सारे किरदार जी रहा था।

और अब जो ये स्याह ,रँग

सब मुझसे उतनरे लगा है,

मैं समझ रहा हूँ, खेल कितना,

लंबे समय तक खेला गया है।

यहाँ सब जानते होंगे ,

मोहबत का हारना , सभी रोये होंगे,

मगर मैं आज भी हँसता हूँ

कि वो जानता था, इन बेसबर हालों में

मैं खुद को जरा भी देख न सकूँगा,

सो अच्छा किया उसने,

हमारे आयने ले गया वो।।

#अभिदेव

किरदार सा लिखा गया है,

एक रील चल रही है।

जिंदगी जी तो रहे हैं,

अपनी कमी खल रहीं है।।

ये तोहमत मिली हमें,

सोहरत की तलाश में।

ऐसे किसी मोड़ पर कहानी,

लाकर खड़ा कर चुकी है।।

सोचता है घेर ले खुद को,

जवाब की दबिश हो,सुलह हो।

उसका एक बहाना , रोकता कि

पिक्चर अभी बाकी है।।

सभी इस इंतजार के नहीं हैं अब,

बहुत हैं जिन्होंने किनारा कर लिया।

वो ही अब उसकी तरफ नहीं दिखता,

उसने खुदको यूँ बेसहारा कर लिया।

किरदार सा लिखा गया है...

#अभिदेव

मैंने हासिल कर लिए हैं गम सभी,

अब मुझे दौर ऐ खुशी देखनी है।।

जैसे तैसे गुजर बसर करी है मैंने,

अब मुझे दर्द की खुदकुशी देखनी है।।

मैं पहाड़ो की सेहर कर के लौटा हूँ,

मुझे मुश्किलो की सरहद देखनी है।।

माँ मुझे डाँट कर खिलाया करती थी,

मुझे अब शहर की खुशामद देखनी है।।

बहुत बार खाली हाथ घर गया हूँ,

मुझे ख्वाबों की अमानत देखनी है।।

ये कामयाबी अब सदा को मेरी हैं,

नाकामियों को ये कयामत देखनी है ।।

मेरे दर्द अब सिमट कर सुधर रहे हैं,

मुझे अपनी नजर से दुनियां देखनी है।।

बहुत बेचैन है दिल तेरे जाने से,

तेरे आने की खबर भेज जरा।।

तेरी कमी से हलचल मची है ,

न आ मेरे खातिर सबर भेज जरा।।

यूँ कब तलक मैं तन्हा रहूँगा ,

कोई रोमानी सा खत भेज जरा।।

यहाँ सारे मलहम हार बैठे हैं,

अपनी निशानी या मोहब्बत भेज जरा।।

बहुत बेचैन है दिल तेरे जाने से।।।।

<u>अँधेरे रास्तों का सिलसिला,</u>

एक रात का सफर नहीं था।।

घुटन और चुभन मिली हमको,

हमारे वास्ते जहर नहीं था।।

कोशिशों के हारे ,रोये रात भर,

आँसुओ को बिल्कुल सबर नहीं था।

वो हमसे दूर था पर हमारे,

हताश हालों से बेखबर नहीं था।

जिसके साथ मीलों चले हम,

वो हमारा हमसफर नहीं था।

हमारी हर दुआ काबिल रही है,

एक उसपर असर नहीं था।।

अँधेरे रास्तों का सिलसिला....

<u>#अभिदेव</u>

<u>मुझे तुम याद आओगे ,</u>

उम्र भर इसी तरह।

मैं ढूंढता रहूँगा तुम्हें,

उम्र भर इसी तरह ।।।

तुम फासलों पर रहोगे,

उम्र भर इसी तरह।

मैं वादों को जियूँगा,

उम्र भर इसी तरह।।

तन्हाई मेरा साथ देगी,

उम्र भर इसी तरह।

बेवफाई मुझे मात देगी,

उम्र भर इसी तरह।।

खयाल ये चुभेगा जेहन को,

उम्र भर इसी तरह।।

मलाल ये रहेगा दिल को,

उम्र भर इसी तरह।।

#अभिदेव

कोई राहगीर नहीं हमारा,

न ठिकाना बन सका कोई।

न कोई हमको समझ आया,

न हमको समझ सका कोई।।

डरता है दिल ऊंचाइयों से अब,

इस तरह नजर से गिर गया कोई।

माना कि हम घायल होके लौटे,

क्या उन रास्तो से फिर गया कोई?

अल्हड़ घास सूखती है हर बरष,

उस पर आग सुलगाता है कोई।।

दर्द जब हद से बढ़ने लगता है,

धुन पर गजल गुनगुनाता है कोई।।

बेवजह बेसबर ठोकरें खाकर यहाँ,

खून बेमतलब का बहाता है कोई।।

वो शाम बैठे मुनाफे गिनता होगा,

और दिल का घाटा खाता है कोई।।

कोई राहगीर नहीं हमारा।

<u>#अभिदेव</u>

<u>दर्द खुशनसीबी तो नहीं है,</u>

हमारा हाल गरीबी तो नहीं है।।

कोई भी अब जरूरी तो नहीं है,

ये तन्हाई मेरी मजबूरी तो नहीं है।।

हमारी अब किसी से दूरी तो नहीं है,

और कोई मुलाकात अधूरी तो नहीं है।।

महज किस्सा है कहानी पूरी तो नहीं है,

बदनामी है बहुत हमारी बे नूरी तो नहीं है।

दर्द खुशनसीबी तो नहीं है।

<u>#अभिदेव</u>

<u>डूब कर मजधार में,</u>

किनारा ,याद आता है।।

छुट जाता है हाथ जब,

सहारा ,याद आता है।।

भूख जब प्यास बनती है,

गुजारा ,याद आता है।।

अंधेरा खौफ बनता है,

नजारा ,याद आता है।।

जब रास्ते भूल जाता हूँ,

इशारा, याद आता है।।

उसे कोई जायज़ बताता है,

एक आवारा, याद आता है ।।

खाली जेब भारी लगती है,

एक बेचारा ,याद आता है।।

उम्मीद जब टूटने लगती है,

एक सितारा, याद आता है।।

लगता है कि भुला दिया है,

वो दोबारा , याद आता है।।

डूब कर....

#अभिदेव

अपने गम नजर आते नहीं हैं,

तेरे ख्वाबों से पीछा नहीं छुटा।।

सब कुछ तो जैसे तबाह हुआ,

मगर अभी तक दिल नहीं टूटा।।

रोशनी का सफर शुरू जब हुआ,

हमसे अंधेरो का हाथ भी नहीं छुटा।

और भी बेचैनियाँ होती जेहन में मगर,

हमको लगता है तेरा साथ भी नहीं छुटा।

#अभिदेव

बेबसी बन कर चला गया,

बेहद करीब वो रहा दिल के।

वो फिर से मिलने आया था,

सुकून पर मिला नहीं मिल के।।

मंजिलो की जानिब मिला था ,

और हमको पथिक कर गया।।

साँस तो अभी भी चल रही हैं ,

धड़कनों को भर्मित कर गया।।

तुम्हारी प्यास बुझ गयी है,

हमारी आस बुझ गयी है।।

यूँ समझो मिलकर जलायी,

हमारी आग बुझ गयी है।।

किसी और कि आँखों में बसा खुद को,

और तुम फिर इस बात पर इतराओगे।।

मेरे दर्द में लोगों की अगर दिलचस्पी बड़ी,

सोचता हूँ तुम किस बात पर इतराओगे

#अभिदेव

मुझसे मेरी दूरियाँ कैसी हैं,

ये मेरी मजबूरियाँ कैसी हैं,

अभी तक कुछ नहीं हासिल,

बला ये बरबादियाँ कैसी हैं।।

कोई साथ जब रहा नहीं,

ये फिर परछाइयाँ कैसी हैं।

मैं उदास हूँ जिंदगी से मगर,

उसके घर शहनाइयाँ कैसी हैं।।

सभी कहते हैं लापरवाह हूँ बहुत,

मुझमें फिर ये गहराइयाँ कैसी हैं।

लगता है जमी खोखली हो गयी,

फिर ये ख्वाबों में ऊँचाइयाँ कैसी हैं।

ख्वाइशों की बुझी राख में अचानक,

ये बेलौस सुलगती चिंगारियां कैसी हैं।

हताश दिल का दम घुट चुका होता ,

अचानक आश की पुरवाईयाँ कैसी हैं।

मुझसे मेरी दूरियाँ कैसी हैं..

#अभिदेव

मैं इशारों पर चलु तो उलझता हूँ,

तेरा चुप रहना तेरा पता देता है।।

तू अब मुझसे रूबरू हो न हो ,

तू कैसा है दिल मुझको बता देता है।

मेरी खामोशियों की अपनी वजह है,

मेरा किरदार शायद कम बोलता है।।

जिन आँखों में तुम्हारी तस्वीर बस गयी,

बताऊँ की उनमें शायद गम डोलता है।।

कुछ वादों और वक़्त भर की जिंदगी है,

निभाओ तो उस पार शायद मिलन होगा।

तुमसे फासलों की कोई बड़ी किम्मत नहीं,

हाँ जो सुकून है दिल का वो चुभन होगा।।

हमारे रास्तों का खामियाजा बड़ा है,

तुम्हें बहुत कुछ शायद मंजूर नहीं होगा।

बस इतना जानता है दिल तुम्हारे बारे में,

तुमसे बिछड़ना तबाही है दस्तूर नहीं होगा।।

कौन किसको इश्क़ कौन वफ़ा देता है,

नादान दिल को कौन सजा देता है ।।।

हमने सुना है अगर इश्क़ सच्चा हो ,

अधूरा ही सही , जीने का मजा देता है।

मैं इशारों ओर चलु तो उलझता हूँ,

तेरा चुप रहना ......

#अभिदेव

जिंदगी एक सबक है,

हमने जाना है दोस्त।।

घाव का मलहम से रिश्ता,

बहुत पुराना है दोस्त।।

हमारी साँसों पर आ बनी है,

तुमको बस रिझाना है दोस्त।।

आँखे हमारी भर आ गयी हैं,

तुमको बस रुलाना है दोस्त।।

दिल एक दर्द की गिरफ्त में है,

इश्क़ उसका ठिकाना है दोस्त।

अधूरापन ख़्याल रखता है,

अब यही गुनगुनाना है दोस्त।।

जिंदगी एक सबक है....

#अभिदेव

आँकती है रात मेरे हिसाब,

तेरा तकाजा अब नहीं चाहिये।

खुद ही बर्बाद हो रहा हूँ,

तेरा इरादा अब नहीं चाहिये।।

हमारे जीने की आस कम है,

कुछ भी ज्यादा अब नहीं चाहिये।

हर किसी से हताश है दिल,

किसीका वादा अब नहीं चाहिये।।

आँकती है रात.....

#अभिदेव

सिरहन बन गयी तस्वीर उसकी,

चुभन है सारी याद उसकी।।

दिन भर उलझने उसकी जगह ,

और फिर सारी रात उसकी।

दिल ठहर क्यों जाता है जब,

होती है बात उसकी।

क्यों दिखता है चाँद रात जब,

पड़ी है राख उसकी।

अंधेरों का फिर गुनाह क्या,

ये है चाल उसकी।

रोशन किसी और से है वो ,

ये अंधेरा ढाल उसकी।।

खेल मेरा बन गया है,

और विसात थी उसकी।

नहीं जानता कौन था पर,

इश्क़ जात थी उसकी।

सिरहन बन गयी...

#अभिदेव

सारे इंतज़ाम गिर गये,

मेरी शाम थक गयी है।।

सुलह सबसे हो गयी पर ,

मेरी ख़ुद से बिगड़ गयी है।।

बात जिंदा है बदल सकते हैं,

डूबना बाकी है संभल सकते हैं।।

ये किसकी दीवानगी सर चड़ी है,

कि डूबकर दरिया पार कर सकते हैं।।

<u>#abhidev</u>

मौत तो फिर लौट जाना है बस ,

तू घुटन का पूरा-पूरा हक़दार है !

अभी सुबह और रात हवस की हैं

तू देखता जा तेरी जिन्दगी , शर्मसार है !!

तुझे फिर किसी से प्यार है ?

चलो अच्छा मजाक है !

खेलना फिर खेल और छुपा के रखना

कि तू सचमुच मीठा , हत्यार है !

आज कल परसों और ये तब की बात है

रंगीन हैं तेरी और मेरी स्याहे गम की रात है !

अधूरी अधूरी सांस लेती जिन्दगी मेरी बन गयी ,

मेरी नमी , आंसू तेरे भीगने की बरसात है !!

<u>#अभिदेव</u>

वो मेरी सुनता तो था,

मुखातिब होता नहीं था।

वो कहता ,प्यार है मुझसे,

मगर जाहिर होता नहीं था।।

वो मेरी नजर में शातिर था,

और हाजिर होता नहीं था।

उसका हुनर एक तरफा था,

मगर माहिर होता नहीं था।।

उसके हाथों में छुरा तो था,

फिर भी काफ़िर होता नहीं था।

उसके पास थे सभी मलहम,

पर मेरे खातिर होता नहीं था।।

वो मेरी सुनता तो था। ।

#अभिदेव

बात इतनी सी थी,

कि बात होती नहीं थी।

नींद बहुत आती थी,

मगर रात होती नहीं थी।

मेरा घर डूब गया था,

बरसात होती नहीं थी।

शहर जबसे वीरान हुआ,

कोई वारदात होती नहीं थी।

किस्मत के कारनामे थे,

करामात होती नहीं थी।

सब मेरे साथ रहे हर दम,

मेरी जमात होती नहीं थी।

बात इतनी सी थी।

#अभिदेव

हृदय के तल पर,

तूफ़ान आ गया है।

सम्भवानाओ के बन में,

घना अँधेरा छा गया है।।

रिक्त है हर कोना मन का,

आँसू आँखों में समा गया है।

तप रहा है तन घाव मलहम से,

अवसाद अस्तित्व जमा गया है।।

आलोचना की जानिब खड़े हैं,

स्वप्न का आसमाँ कहाँ गया है।

रक्त जल बन कर गिरने लगा ,

नब्जों में धुँवा जहाँ गया है ।

हार किंचित भी हिला न पायी,

जीत को मानो ठगा गया है।।

एक था आदर्श हमारी नजर में,

फिर से साहस थमा गया है।।

हृदय के तल पर......

<u>#अभिदेव</u>

<u>हताश होने के सौ मायने हैं,</u>

हर दरवाजे पर लगे आयने हैं।

यूँ ही कोई अपना गँवाया नहीं जाता,

वजह होती है कि वो घर नही जाता।।

मुझ पर ही बरसे बादल,

एक मैं ही बंजर रहा हूँ ।।

उसका जिक्र जब कहीं आता है,

लफ्ज़ बेवफा" बेहतर समझ आता है।।

मैं जब कभी रास्तों की तलाश में रहा,

हर तरफ घनघोर कोहरा नजर आता है।

<u>#अभिदेव_अभिव्यक्ति</u>

<u>जैसे पानी की प्यास हो तुम,</u>

कैसे मानु कि उदास हो तुम।

जहाँ से तोड़ दिये रिश्ते हमने,

तुम अगर साथ हो ख़ास हो तुम।

बहते दरिया की प्यास हो तुम,

मुझे लगता है मेरे पास हो तुम।

ये ज़माना तो हार गया हमसे ,

मुझे लगता है कि हताश हो तुम।

खारे सागर की अधूरी प्यास हो तुम

मुझे बतलाओ क्यों निराश हो तुम।।

ये दुनियाँ है सच में दगेबाज़ अगर ,

फकत टूट जाने का अहसास हो तुम।

#अभिदेव

जैसे तुम टूटे हो ,

मैं टूट जाऊँ क्या।

छोड़ कर हाथ,

पिछे छूट जाऊँ क्या।

तेरे बारे में,

खुदको बताऊँ क्या।

तस्वीर सबसे,

तेरी छुपाऊँ क्या।।।

तमाशा तो नहीं हूं,

जमाने को दिखाऊँ क्या।

दर्द है बहुत सारा,

अपनी ग़ज़ल सुनाऊँ क्या।।

शहर तन्हाइयों से भरा,

इसे अब और रुलाऊँ क्या।

जो लौट कर फिर नहीं आया,

उसे बार बार अब बुलाऊँ क्या।।

नाराज़ है मुझसे,

उसे पास अपने बिठाऊँ क्या।

वो हक़ीक़त जानता है,

उसे ख्वाबों से रिझाऊँ क्या।।

किनारे पर ही दम टूट सकता है,

बीच मजधार खुदको डूबाऊँ क्या।

ये एक उम्र से चल रहा है इंतजार,

तेरे बारे में यार खुदको बताऊँ क्या।

#अभिदेव

एक फैसले से दम घुटा,

एक फैसला फिर किया।

पहले धुंवे की जानिब रहे,

फिर धुंवे को काफ़िर किया।

बेकरारी की हद जो बड़ी ,

हमने कश को आखिर किया।

सारे हुनर बाँध कर रखे रहे,

हमने आदतों को हाजिर किया।

हमारी बेहोशी का कारनामा है,

कि मंद लोगों को शातिर किया,

हमारा ही तमाशा बना हुआ था,

खुद का खुद को नाजिर किया।

रहे गम के कारखानों में फकत,

सो हमने रूह को नासिर किया।

उस उसने बादनामियां दी फकत,

हमने शौक जिस को जाहिर किया।

एक फैसले से दम घुटा,

फिर धुंवे को काफ़िर किया।।

#अभिदेव_तर्पण

जो छोड़ कर घर ,

हो चला सबका ,

वो कृष्ण है।

मनप्रीत बन सके,

हर अधूरे मन का जो,

वो कृष्ण है।

गलत का कर मंथन,

जो सच मथ लाये,

वो कृष्ण है।

संछिप्त का सार जो,

जीव का विस्तार जो।

वो कृष्ण है।

हर राधिका की चाह वो,

हर माँ का दुलारा है जो।

वो कृष्ण है।

हर कर्म का परिणाम वो,

हर धर्म का है धाम जो।

वो कृष्ण है।

#अभिदेव_आभाष

तेरी तलाश में निकले,

कभी घर नहीं पहुँचे।।

कुछ आँसू बाकी हैं जो ,

आँख तक नहीं पहुँचे।।

अपनों की गिनतियाँ हैं,

जो वक़्त पर नहीं पहुँचे।

ख्वाब रस्सी तो बन गये,

मग़र तख़्त पर नहीं पहुँचे।

मामूली समझ लिया था ,

सो गर्ज पर नहीं पहुँचे।।

हिसाब हमने दफा किये,

सो कर्ज पर नहीं पहुँचे।।

दरिया के कुछ एहसास ,

जो सागरों पर नहीं पहुँचे।

मिलने को जिसने बुलाया,

वो साहिलों पर नहीं पहुँचे।

शाम ढल तो गयी है मगर,

गाँव के हम शहर नहीं पहुँचे।

मेहफिल में शमा तो जल गई,

कितनों के हमसफ़र नहीं पहुँचे।।

तेरी तलाश में निकले,

कभी घर नहीं पहुँचे।

#अभिदेव_आभाष

हताश किस्सा है

कहानी हमारी,

दुनिया होती रहे

अब दीवानी हमारी,

मसलन झगड़ो में कट गयी,

ये खूबसूरत जवानी हमारी।

कोई तो आकर पता पूछेगा,

ये रही ख्वाईश पुरानी हमारी।।

किसी दर पर हमको खड़ा नहीं किया,

दिल बेचैन, रात आवारगी,

चाह कर चाहत बदली गयी।

नशा तो होश खो बैठा कहीं,

ये मदहोश आँखें अमली रही।

यक़ीनन कोई डोर बाँधी गयी,

टूटी आस, साँस संभली रही।

हताश दिल ने कमाई त्रिशनगी,

हमारे पास खाली अंजली रही।।

#अभिदेव_तृष्ण

कुछ देर और ठहरेंगे।

वो मिलने अगर आये,

कुछ देर और ठहरेंगे।

रास्ता जाय मगर हम ,

कुछ देर और ठहरेंगे।।

बात होना जरुरी है तो,

मेहनत ने हमारी, हमसे दगा नहीं किया।

ये बात और है कि जिंदगी हताश है पर,

हमने हताश होकर किसीको सगा नहीं किया।।

ये वसूल ही बनेंगे,

एक दिन निशानी हमारी।

याद होगी गजल सबको,

मुह ज़बानी हमारी।।

यूँ तो हताश किस्सा है,

ये जिंदगानी हमारी।

एक आस पल रही जिसपे,

अब है निगहबानी हमारी।।

हताश किस्सा है......

<u>#अभिदेव</u>

<u>फूल बन कर जिंदगी,</u>

महक को मसली गयी।

कुछ देर और ठहरेंगे।

देर होना मज़बूरी है तो,

कुछ देर और ठहरेंगे।।

बर्बादियों का तजुर्बा है,

कुछ देर और ठहरेंगे।।

तूफ़ान आने वाला है,

कुछ देर और ठहरेंगे।।

अभी समझाना बाकी है,

कुछ देर और ठहरेंगे।।

हमारी बारी आ रही है,

कुछ देर और ठहरेंगे।।

मिलना फिर नहीं मुमकिन,

कुछ देर और ठहरेंगे।।

आँसू आँखों के अपने हैं,

कुछ देर और ठहरेंगे।।

एक रात जाया और हो,

कुछ देर और ठहरेंगे।।

कल फिर ये रात हो न हो,

कुछ देर और ठहरेंगे।।

वो मिलने अगर आये।।

#अभिदेव_आभाष

बहुत दूर से जब कभी,

मैं तुमको आवाज दूँगा।

तुम मेरी तरफ कदम ,

मौड़ कर फिर रोक देना।

एक घड़ी सोचना की मैं हूँ,

फिर ये सोचना छोड़ देना।।

मत देखना तुम पलट कर,

और सारी कसमें तोड़ देना।।

हर तरफ तुमको सफर में बस ढूँढू,

तुम कोई और हमसफ़र ढूंढ़ लेना।

मेरी आवारगी फासलों की वजह है ,

ऐसी कोई और हममें कसर ढूंढ़ लेना।।।

लड़खड़ाने लगो तो हमको याद करना,

सच बताने लगो तो हमको याद करना।

जब कभी हर रिश्ता हताश करने लगे,

खत जलाने लगो तो हमको याद करना।।

मेघ के बरसने से पहले,

कोंपले उगने से पहले।

भँवर के घूमने से पहले,

फूल के उगने से पहले।

सूरज के डूबने से पहले,

मैं तुम्हारी हर व्यथा का,

अंश बनकर तुम्हारे पास,

बैठूंगा और सुनूँगा।

किन्तु मैं

बहुत दूर से जब कभी,

तुमको आवाज दूँगा।

तुम मेरी तरफ कदम,

मौड़ कर फिर रोक देना ।

#अभिदेव-ख़याल

कभी उसकी तरह ही डर जायेंगे हम,

सरे राह -महफ़िल मुकर जायेंगे हम।

वो आज पहचानने से इन्कार करता हैं,

उसे जानकर नजरअंदाज कर जायेंगे हम।

वक़्त के सिरों पर बंधे लम्हो के जानिब,

रह के कुछ रात फिर गुजर जायेंगें हम।।

उसका होना जिस दिन न होना हो जाय,

सुकून और अदब से फिर घर जायेंगें हम।!

#abhidev_aasayain

एक वक़्त की सरपरस्ती,

एक तरफ ख्वाब छोटे नहीं थे।

बसेरा थी एक वीरान सी बस्ती,

वजह थी कि घर, लौटे नहीं थे।।

हमारे ख्वाब चढ़ गए किराये पर,

आँख सोयी मगर हम सोते नहीं थे।

बहुत बातों पर बहुत बार रोना पड़ा,

कभी किसी बात पर हम रोते नहीं थे।।

#अभिदेव

मन किसी स्तिथि में है,

अश्रु बिन बात बहते हैं।

भाव नस्वर हो चूका है,

और साथ अवसाद रहते हैं।।

इस जगत में सब हितेषी हैं,

फिर ये दुश्मन कहाँ रहते हैं।।

बात होती है चाँद तारों की,

अपनी उलझन,कहाँ कहते है।।

अधरों पर अधूरे आभाष हैं,

सपने खयाल उदास रहते हैं।।

अधूरा जानतें हैं कोशिशों को,

वो जो हमसे निराश रहते हैं।।

ख्वाईशो का शहर छोड़ा है,

हौसले के आसरे में रहते हैं।

जबसे अपने बिछड़ने लगे,

हम अपने दायरे में रहते हैं।।

अंत का पूरा अनुवाद क्या है,

यहाँ आखिर में अवशेष रहते हैं।

कोई पूछे जीने की आस क्या है,

यही कि हमको "अभिदेव" कहते हैं।

#अभिदेव

जो हममें हम था,चला गया।

जरूरत अब भला किसकी,

जो हममें कम था, चला गया।

उसका जिक्र कितना बाकी है,

पूछता है जो बिना पूछे,चला गया।।

एक इम्तिहान हमारा बुरा क्या रहा,

उसने किया किसी को पास,चला गया।।

वो लड़का गलियों में ख्वाब बेचा करता था,

बेचकर हुनर सारे रोया बहुत था, चला गया।।

समझ आता था उसका हर बात समझाना,

बहुत बाद हमको ये समझ आया, चला गया।।

गुरुर पालें तो किसका।।।।

#अभिदेव

यहाँ हर पहर घुटन का है,

और सफर लम्बा चुन लिया।

हताश होना मेरी आरजू नहीं,

मगर बेखबर फंदा बुन लिया।

अपनों की तलाश करता हूँ,

उम्मीदें भी ख़ास रखता हूँ।।

ये सवाल जो मुझ पे हावी हैं,

उनसे खुद को उदास करता हूँ।।

दिल अगर हार बैठा है नजर,

आँखे तो सब देखती हैं ना।।।

उससे बेहतर वो लड़की सड़क पर,

जो बचा कर इमां, फूल बेचती है ना।।

#अभिदेव

इस तन्हा शहर में, एक दौर से

मेरा नया एक ख्वाब पल रहा है।

मुझसे नाखुश है एक फासले पर,

मगर गर्दिशों में साथ चल रहा है।

उसे मुद्दतों नहीं ढूंडा, उसे चाहा भी नहीं था।

उसने अपना लिया मुझे, मेने सराहा नहीं था।

ग्न्दिशों में रहा कभी मेरी आड़ में रहा वो ख्वाब,

उसकी ख्वाइश रहा मैं, कोई नजारा नहीं था।

डोर सा बंधा हुआ है,

मेरी तरफ से रुँधा हुआ है।

मेरी नींद का असर है वो,

मेरी हक़ीक़त से जुड़ा हुआ है।

बेचैनियों का सब्र है वो,

तन्हाइयो का सुकून है।

लहू का रगों में बहने जैसा

उसका आम सा जुनून है।

भूलना मुझे उसकी फितरत नहीं है,

वो जरूरी है उसे मेरी जरूरत नही है।

मैं हजारो ख्वाबों से बरी हुआ हूँ , सच है

वो मुकाम है मेरा , फकत किस्मत नहीं है।

वो एक नया ख्वाब है मेरा ,

घूमने भर जैसा शहर नहीं है।

टूटना उसका कहर होगा यकीनन,

रूह का हिस्सा है मेरी वेहसत नहीं है।

किताब है वो ख्वाब ,

महज एक पन्ना नहीं है।

सिमट जाऊँ में इसी में अब,

नए ख्वाब की तमन्ना नहीं है।

इस तन्हा शहर में एक दौर से ,

मेरा एक नया ख्वाब पल रहा है।

वो मुझे साकार करने की होड़ में,

मेरी नादानियों में जल रहा है।

अभिदेव_छोटू

<u>नजर ढूंढती है जिसको,</u>

वो कब का चला गया है।

आंखों में बस के मेरी,

दिल को छला गया है।

वो शागिर्द था हमारा,

बनके काफ़िर चला गया है।

जो बेकसूर था वो हाजिर,

और मुल्जिम ,चला गया है।।

भरते थे आह जिसके खातिर,

वो दर्द अब , चला गया है।।

जो सुना रहा वो दास्तां है,

और तजुर्बा , चला गया है।।

बदन का खोल बाकी है यहाँ,

रूह का परिंदा , चला गया है।

जाम का प्याला भी खाली है,

नशा भी उतरकर ,चला गया है।।

वक़्त तो अभी है बहुत "अभिदेव"

मगर वो लम्हां , चला गया है।।

नजर ढूंढती है जिसको.....

<u>#अभिदेव</u>

<u>जिंदगी में जब तक "काश" जिंदा है,</u>

तब तलक जिंदगी की आश जिंदा है।

बताओ ना कितनो की प्यास जिंदा है ?

रूह सबकी हैं ना किसके पास जिंदा है?

न बचपन न खयाल न एहसास जिंदा है,

यहाँ जो भी जी रहा वो हताश, जिंदा है।

रेशम मरता है मरे, यहाँ कपास जिंदा है,

अपना गुजरा तो क्या,कोई खास जिंदा है।।

बादशाहत मर चुकी है यहाँ दास जिंदा है,

आदमी की सूरतों में यहाँ लांश जिंदा है।।

मर गयी हैं ख्वाइशें "अभिदेव" जिंदा है,

कलम जब तक चलेगी आश जिंदा है।।।

जिंदगी में जब तक काश ......

<u>#अभिदेव_आशायें</u>

<u>कहाँ से दिल उफर गया,</u>

कहाँ साँस कम हो रही है।

कोन बेखबर हो गया और ,

किसकी आँख नम हो रही है।।

दरिया किसके बारे में पूछता होगा,

साहिलों पर किसे वो ढूंढता होगा।।

एक अजनबी हमको देखकर रोया,

हो न हो शायद उसे वो जानता होगा।।

<u>#अभिदेव</u>

<u>जरा सी बात से हारे,</u>

दिल से पूछो तो सही।

कितने दफे वो जानिब,

चढ़ के लौट आया था।

किसी जुगनू ने सताया,

किसी अपने ने रुलाया,

यहाँ सबने कोशिशें की,

और उसने करके दिखाया।

हमारी आँख में आँसू ,

उसे अब रास आ गया है।

साफ़ कहता नहीं,जानता हूँ,

फिर किसी के पास आ गया है।

किसी से अब कहना नहीं बनता,

कि यहाँ अब रहना नहीं बनता।।

सभी खामोशियों से ये कहते हैं,

कि खामोश अब रहना नहीं बनता।।

जरा सी बात से हारे,

दिल से पूछो तो सही।

#अभिदेव

मैं तुम्हें याद करके,

सब भूलता रहा हूँ।

हर गली हर निगाह ,

सब चूमता रहा हूँ।।

तेरी कमी है या जरूरत,

मैं गजले गुनगुना रहा हूँ।

जानता है क्या तेरे बिना,

मैं कितना अनसुना रहा हूँ।।

एक दौर बीता है हिज़्र का,

यही सबसे छुपाता रहा हूँ।

ये इश्क़ कैसे वार करता है,

घाव सबको दिखाता रहा हूँ।।

बैठ कर साहिलों के साथ ,

दरिया कई ,डुबाता रहा हूँ।

इस तरफ गहराई ज्यादा है,

इशारों से यही,बताता रहा हूँ।।

मंजिलें उनकी जो आगे बड़े,

मैं पत्थरो का रास्ता रहा हूँ।।

सोच कर दिल बैठ जाता है,

मैं काफिरों का वास्ता रहा हूँ।।

#अभिदेव_मिश्रित

याद तो आयेगा वो ,

असल में आयेगा नहीं।

जिंदगी से विदा ले गया,

मगर दिल से जायेगा नहीं।।

वो गम की सूरत बनता गया,

जिसे दिल का करार समझा।

वो अपने हुनर आजमाता गया,

जिसके तमाशों को प्यार समझा।

आज की रात कट जाय,

ये मानो दुआ बन गयी है।

इत्र की सीशी खुली क्या छूटी,

महक मानो हवा बन गयी है।

ठहर कर जिंदगी में कहीं,

जो सुकून से मर गया है।।

सब यहाँ कोशिशों में लगे हैं ,

कि जाने , वो किधर गया है।।

साहिलों तक हर खबर ,

यकीनन आती नहीं है।

अब कई बार ये होता है,

साँस आती है जाती नहीं है।।

जो रूठ कर गया है,

वो हमको बुलायेगा नहीं।

याद तो आयेगा वो,

असल में आयेगा नहीं।।

#अभिदेव_आभाष

लगता है अब कि खत्म हो रहा हूँ,

मैं अपनों के लिए जख्म हो रहा हूँ।

आँसू जाया हो रहे हैं हर गजल पर,

मैं टुटा हुआ हूँ ख्याल, नज्म हो रहा हूँ।।

मेरी आदत मेरी चाहत सबको नकारा है,

हिज़्र की रात तन्हाई में सबको पुकारा है।।

दुनिया आज तक किसी के काम ना आई ,

अपने आँसू अपनी मेहनत,सबका गुजारा है।।

खुद से बात करना, हमको सिखाया गया है,

वो हम नहीं असल जो तुमको बताया गया है।

एक कस्ती जो अचानक किनारे आ पहुँची ,

कस्ती दरअसल जिसमें हमको डुबाया गया है।।

लगता है अब कि....

#अभिदेव_शेष

<u>सत्य के आखेट पर,</u>

झूठ के तीरों की बारिश।

माँग की अधिकार की,

मिली निज पीरों की साजिश।।

इस धरा के हर भाग में,

आग फैली है पानी पर।।

अपनी आँखों से कैसे ये देखूं,

रोता हूँ कल्पना कहानी पर।।।

साँसों पे बोझ अपनों के सवाल,

यह द्वन्द कबसे पल रहा था।।।

एक आयना मिला जो कहता है,

कोन था और कितना जल रहा था।।

बैर मेरी भावना का अंश था नहीं,

मैंने अनैतिक कुछ भी कहा नहीं।।

इस तरह गर अपनत्व खोता रहूँ,

मेरा कोई भी स्वार्थ फिर रहा नहीं।।

सत्य के आखेट पर।।

#अभिदेव_आभाष

ये हमने नहीं सोचा

कि क्या होगा।

ये रही हमको आस,

कि खुदा होगा।।

ये सोचना था मुश्किल,

कि जुदा होगा।

फिर किसे थी खबर,

कि इस तरह होगा।।

ये कहने लगी थी आँच,

कि धुँवा होगा।

रूह का इकलौता सवाल,

कि वो कहाँ होगा।।

बदलते रहे हम दुआ,

कि कुछ तो अता होगा।

उसी का जिक्र सबसे किया,

कि किसीको पता होगा।।

ये हमने नहीं सोचा...

#अभिदेव

वो जानता है ,

कि मैं जानता हूँ।

पर ये किसने कहा

कि सब जानता हूँ।।

फिर जो कहा ,

बस उसे ही कहा,

पर ये किसने कहा,

कि रब मानता हूँ।

उसकी आँखे तलाश ,

उसका दिल मैं जानता हूँ,

पर ये किसने कहा,

कि नब्ज पहचानता हूँ।

उसका घर उसका चेहरा ,

भूल जाने का गम है मुझको,

पर ये किसने कहा ,

कि सबसे उसका पता मांगता हूं।

#अभिदेव

कुछ रँग अधूरे दुनियां के,

कुछ स्वाद सभी के फीके हैं।

कुछ उन्माद अधूरे जीवन के,

कुछ अवसाद बहुत ही तीखे हैं।

कुछ लोग गलत हैं कुछ हम भी,

हम कुछ भूल गए कुछ सीखे हैं।

कितना अब इस दिल को समझाएं,

क्या बहलाने के कुछ और तरीके हैं।

वह अपना कहकर पत्थर हो बैठा ,

हम क्या क्या अर्पण कर बैठे हैं।

इतनी दूर जगत से हम जा भागे ,

कुछ अपने ही तर्पण कर बैठे हैं।

यह प्रेम समर्पित उसको ,

जिसका इस पर अधिकार नहीं।

हमको बीते लम्हें याद आते है,

पर उससे मिलना अब स्वीकार नहीं।

सपनों के उपवन मैं बंजर घासें,

निर्जल मन को मेरे प्यास नहीं।

आशाओं के कितने दीप बुझे ,

बहते आँसू को अब आभास नहीं।।।

मैं पत्थर इक्कठे कर रहा हूँ,

एक मकान बनाना चाहता हूँ।

दर्द का एक दरिया बाँधे रखा,

एक गम को डूबाना चाहता हूँ।।

मेरी आँखों में लाल रँग बस गया,

आँसुओ से उसे बहाना चाहता हूँ।

ये दुनियां बस तमाशे याद रखती है ,

मैं तमाशा एक दिखाना चाहता हूँ।

मेरे बारे में यहाँ सब, सभी जानते हैं,

बहुत कुछ है ,मैं , छुपाना चाहता हूँ।।।

जानता हूँ ये सवाल मुझे अब सोने न देंगे,

जवाबो की जरूरत को सुलाना चाहता हूँ।

मैं पत्थर इक्कठे कर रहा हूँ.....

<u>कुछ बातों का होना तय है,</u>

हर शब्द मेरी जिम्मेदारी नहीं है।

हर कोई मेरी तारीफों के पूल बांधे,

ऐसी मुझको कोई बिमारी नहीं है।।

जलते हैं हाथ तो चीखना पड़ता है,

मेरी नौकरी जो है सरकारी नहीं है।।

दिल से रूह ,अदब से पेश करता हूँ,

मगर दिल है कोई तरकारी नहीं है।।।

देने वाले ने हुनर भरपूर नवाजे मुझको,

मगर ईमान में मेरे कोई अदाकारी नहीं है।

ये जो मुझ पर जां निसार करते हैं यहाँ वो ,

खून के कतरे हैं मेरे, कोई कलाकारी नहीं है ।।

मुल्तवी हर फैसला जिंदगी का ख़ुशी का ,

एक दौर से सुकून की रात गुजारी नहीं है।।

बनाने वाले ने कुछ यूँ बिगाड़ कर रख दी,

मैंने तस्वीर एक दौर से अपनी सुधारी नहीं है।।

एक बाबा जिंदगी में तिलिस्मा कर गया है ,

अब कुछ भी जहाँ में चमत्कारी नहीं है।।

उसे मैंने मेरी आरजु और अजूबा माना था,

मुखातिब होने के बाद कोई चीज प्यारी नहीं है।।

ये वो वक़्त है इस दौर ऐ क़िस्त का ,

जहाँ मेरी यारों से यारी नहीं है।।

हुआ तो बहुत कुछ निस्तो नाबूत ,

मगर एक हार जो हारी नहीं है।।।

कुछ बातों का होना तय है...

#अभिदेव

बस यही एक मेरे अस्तित्व की कमी है,

मेरी देहलिजो पर रहती सदा नमी है ।।

मैं फिसल कर जिंदगी सँभाले बैठा हूँ,

हादसों से रोज जलती दिल की ज़मी है ।।

इन पथरो ने ठोकर बनकर सँवारा मुझे,

मेरे बदन पर कभी कोई लाखन नहीं थी।

मैंने रेशम बुना है रात दिन ख्वाबो में पर,

सच ये है कि सूत छोड़ो साटन नहीं थी।।

इन रास्तों का ईमान रोज पड़ता रहा हूँ ,

अपनी नजरो में हर दफा घटता रहा हूँ।

दुनियाँ कागजो का घर बनाना चाहती है।

मैं घरों को महज सराय समझता रहा हूँ।

#अभिदेव

चट्टानों से टकरा कर,

गिरते हैं हिमशिखर।।

बिन ताप के यथावत,

पिघलते हैं हिमशिखर।।

समाहित हो के सरिता में,

फिर राह चुनते है हिमशिखर।

जाके फिर टकराते हैं चट्टानों से,

लेके कंकड़ निकलते हैं हिमशिखर।।

वह जड़े जो सुखी पड़ी हैं,

वह धरा जो बंजर पड़ी हैं,

प्यास फैली है नगर नगर,

आस बन आएंगे हिमशिखर।

कास जीवन में हिमशिखर आते,

बनके पानी सा हम निखर आते।

बने रहते अपने कृतिमान के फिर,

या पिघल कर किसीके काम आते।

इन पर्वतों पर में गहरी,

जब डालता हूँ नजर।

दूर एक स्वेत धुर्व सा ,

नजर आता है हिमशिखर।।।

दिन की रोशनी में धूमिल ,

रात लालिमा सा चमकता, हिमशिखर

मेरे स्वप्न के सिद्ध होने जैसा,

साहिलों का दरिया है, हिमशिखर।।

चट्टानों से टकराकर।।।

<u>#अभिदेव</u>

<u>तू बैठ कर अपने दिल के पास,</u>

कभी मेरे बारे में ,पूछ तो सही।

ये कौन सा मर्ज घर कर गया है,

तू कभी हाल मेरे ,पूछ तो सही।

माना कि तन्हाईयाँ आम हैं जहाँ में,

मगर यूँ कौन हँसता रहा,पूछ तो सही।

तेरे जाने के बाद यहाँ बंजर हुआ सब,

हिज़्र में क्या क्या गँवाया,पूछ तो सही।

तेरी यादों का सफर शुरू जबसे हुआ ,

मैं क्या क्या भूल बैठा हूँ, पूछ तो सही

बेपरवाह बर्बाद और बेवजह बारिशें,

मैं क्यों परेशान रहता हूँ, पूछ तो सही।

वजह हैं साँसों के पास आने जाने की,

कोन रोके रास्ता रूह का,पूछ तो सही।

ये दिन गुजर रहा तेरे खयाल बाँध कर,

क्या है मंजर मेरी रात का, पूछ तो सही।

ये दुनियाँ आज भी हसीं है मैं जानता हूँ,

कितना तरसा हुआ है दिल,पूछ तो सही।

हम फिर मिलेंगें इस किनारे ,तूमने कहा था,

कहाँ डूबा फिर वो साहिल , पूछ तो सही।।

तू बैठ कर अपने दिल के पास......

#अभिदेव

तुम कहो मैं सुनता रहूँ,

बस यही चाहता हूँ मैं।

जो तुम हर बात पर दो,

बस वही वास्ता हूँ मैं।

अँधेर से पहले घर दिखा दे,

तुम मान लो वही रास्ता हूँ मैं।

जो कल तुमको अजीज होगा,

तुम जान लो वही राब्ता हूँ मैं।

तुम्हारी याद,तस्वीरों के कंकड़ से,

बैठकर अक्सर ग़ज़ल बांधता हूँ मैं।

एहसासों की जमीं पर ठहर गये हो,

तुम सदा यहाँ रहोगे, मानता हूँ मैं।

हम कभी साहिलों पर काश साथ बैठें ,

सो तन्हा साहिलों को पुकारता हूँ मैं।

यूँ तो हर मकाम कदमो को चूमता रहा,

मगर तुम्हारी नामौजूदगी से हारता हूँ मैं।

अभी तो मिलना न मिलना सवाल है

कुछ दिनों से आयना निहारता हूँ मैं।

बेपरवाह बेफिक्र मेरे ही नाम हैं मगर,

तुम्हारी आश में खुद को सुधारता हूँ मैं।

तुम कहो मैं सुनता रहूँ,

बस यही चाहता हूँ मैं।

#अभिदेव

मैं बारिश का इंतजार करता हूँ,

अब भी तुमसे प्यार करता हूँ।

भीगता हूँ बहुत देर कि तुम आओ,

बड़ी उम्मीद से इन्तजार करता हूँ।

धुप में जलता हूँ रात तन्हाईओं में,

खुद ही खुद को बेकरार करता हूँ।

पूछते हैं मुझसे ,जानकर सब दर्द मेरे,

मैं हँसी चेहरे पर रखे, इनकार करता हूँ।

तुमने किस्सों में पड़ा है महज डूब जाना,

मैं रोज डूब कर के दरिया पार करता हूँ।

जबसे तुमने दामन छोड़ना ठीक समझा,

जानकर पेच सारे जीत को हार करता हूँ।

अब अदावत कोई, दुश्मन नहीँ दिखता,

सो हद ये है कि खुद पर वार करता हूँ।

जिंदगी तजुर्बोँ का खेल बन गयी "अभिदेव"

रोज आयने को देखकर शर्मशार करता हूँ।

मैं बारिश का ....

#अभिदेव

ये दिल की बात है प्यारे,

दिल से मत लगा इसको।

जो जां निशार करता है।

यहाँ मिला है दगा उसको।।

नदी किनारे तेरा घर है प्यारे,

तू इतना मत सजा इसको।

क्यूँ ऐसा ख्वाब पाल बैठा है,

कभी मिलती नहीं रजा जिसको।।

उसके बगैर जी रहा है तू प्यारे,

जा मिल कभी और बता उसको।

वो अक्सर तुझको याद आता है,

तू भी रात सपनों में सता उसको।।

दुनियां पलगुजारी की जगह प्यारे,

मगर नहीं मालुम है , पता तुझको।

इश्क़ , एहसास, आँसुओ के सिवा ,

जिंदगी बहुत कुछ है , बता खुदको।

यही होगा, आखिरी साँस तक प्यारे,

आखिरी नींद से पहले जगा खुदको।

जलती लकड़ी का हिस्सा है "अभिदेव"

तू समझ मत सहारा या सगा उसको।

ये दिल की बात है प्यारे,

दिल से मत लगा इसको।

निर्थक प्रेम के ज्वर से ,

ज्वार जीवन में आ गया है।

यत्न प्रयत्न हो गए फीके,

हार में जीवन समा गया है।

अनभूति हो जाए आत्मा को,

जिसको मन अपना कह रहा हो।

जाग्रित जब हृदय हो जाय ,

देखो तुम , कि स्वप्न ढह रहा हो।

नयन के देखे दृश्य ,स्मृति में

अस्तित्व खोने का आभास ढूंढे।

निराश मन दर बदर भटके ,

कभी अंत कभी नई प्यास ढूँढे।

#अभिदेव

उसकी याद के भँवर हमको ले डूबे,

तन्हाईओं में तैरना ,सीखा नहीं था।

दर्द और दूरियाँ हमसे मिलने आयी,

हमने नजर फेरना ,सीखा नहीं था।

यूँ तो अभिमन्यु सा अस्तित्व मेरा,

पर सवालों से घेरना,सीखा नहीं था।

खबर न थी, हमको यूँ तोड़ा जायेगा

सो खुद को मेटना , सीखा नहीं था।।

आये तो बहुत थे, नींद बनकर मगर,

गेर की बाँहो में लेटना, सीखा नहीं था।

हर खेल बस एक खेल सा रहा मगर,

दिल ने दिल से खेलना, सीखा नहीं था।

हमें आफ़ते हँस कर गले लगाती रही ,

फिर भी गम को झेलना, सीखा नहीं था।

जाकर उसके दरिया में कैद हो गये थे,

हमने साहिलों से फैलना ,सीखा नहीं था।

#अभिदेव

हार कर सारी रात,

सुबह से रूबरू हूँ।

मैं नहीं वो जो हूँ अब,

मगर दीखता हूबहू हूँ।

ये रस्ते मेरा पता हैं अब,

ये बर्बादीयां हैं हुनर मेरा।

गांव से बेदखल हूँ अब ,

ख़्वाबों में जला, शहर मेरा ।

अजब से हादसों के खातिर,

दिल ये आगाह करता रहा।

जमी न मिल सकी आँसुओ को,

दिल ये आह-निगाह भरता रहा।

हर ख़याल अंदर,तनहा हुआ है।

जिंदगी का मतलब लम्हा हुआ है।

क्या मतलब हमने क्या क्या चाहा,

बस जो न हमने चाहा, वो हुआ है।

जो कभी मुझको मिला ही नहीं,

उसे आखिर मैं जानता क्यों हूँ।

जिसके एहसासों पे जिन्दा रहा

उसे काफ़िर मैं मानता क्यों हूँ।

कभी दर्द के हवाले रोये रात भर,

कभी काले बादलों की बरसात।।

कभी सर्द हाल काटा गया हर पल,

कभी खयाली मयखानों के इंतजामात।

हार कर सारी रात,

सुबह से रूबरू हूँ।

मैं नहीँ वो जो हूँ अब,

मगर दिखता.....हूबहू हूँ।

#अभिदेव

है मेरी कस्ती उलट गयी,

है मेरा फलसफा राख अब।

है सभी के हाथों पे खून,

है सभी से राबता ख़ाक अब।

है लबो पर उलटी गिनती,

है सो रही हर रात अब।

है नहीं अब चाह उसकी,

है नहीं जिसका साथ अब।

हो रहा खलल जहन में,

हो रही दिल की मात अब,

हो गये हम आसमानों के,

हो रही है हमारी बात अब।

हाँ यही हमारा होना लिखा था,

हाँ यही कह रहे जज्बात अब।

हाँ ये देखो क्या गुजर रहा है,

हाँ ये न पूछो सवालात अब।

#अभिदेव

इन आँखों को चश्मा चाहिये,

इन आँखों की नजर गिर गयी है।।

लाठी थी एक , वक़्त का सहारा,

इन दिनों न जाने किधर गयी है ।।

कलम से कलाम तक छीन गया,

आँसुओ से उदासी निखर रही है।।

ये दौर भी गुजर जायेगा कहता हूँ,

कि मेरी प्यास प्यासी बिखर रही है।।

हताश लम्हो को सबक माना जाय,

रूह साँसों से लेकिन डर रही है।।

हौसला जिन्दा रखा गया हर हाल ,

हकीकत में लेकिन ख्वाईश मर रही है। |

सब वीरान लगता है दिल को अब,

आखिर कहाँ ये दुनिया ठहर रही है।।

Abhidev- Aasayai

खामोश पल, बारिशें

चाय की प्याली, तेरी यादें।

मैं अक्सर खुद से पूछता हूँ,

क्या यही मेरी जागीर हैं।

तुझे पाया तुझे खोया ,

तेरा अक्स अब भी बसा मुझमें ।

ढूंढा इश्क़ ढूंढी मंजिले,

मैंने ढूंढी हँसी और वफ़ा तुझमें।

दूर उन बीते लम्हात से,

दिल वीरान सा वीरानियों में है।

ख्वाब ख्वाइशें, चाहत, मेरा जीना

सब झूठ सा कल की कहानियों में है।

दर्द सो गया है मेरी तख़्त पर,

जमी पर किमलियां घूमती रही।

इस कदर बेसहारा हुआ दिल,

कि नजर बसेरा फिर ढूंढती रही।

खुद से नाखुश ,

दुनियाँ से रूबरू हूँ मैं।

एक शक्श की तलाश मुझको,

हजारों की आरजु हूँ मैं।

जो मेरी प्यास हो गया है,

वो किसी का ख़ास हो गया है।

जानकर हाल जिन्दगी के,

जिन्दा दिल हताश हो गया है।

मगर कभी कभी

खामोश पल, बारिशें

चाय की प्याली, तेरी यादें।

मैं अक्सर खुद से पूछता हूँ,

क्या यही मेरी जागीर हैं।

#अभिदेव

कैनवस पर फिरे रंगों में फँसा किरदार नहीं बनना था,

कल कल बहती नदी सा मैं सागरों की तरफ

बहना चाहता हूँ।

हित अहित से परे मुझको जीवन का मूल समझना था,

वादी ढोंग के बाहर मैं अपना आयाम पड़ना चाहता हूँ।

तनहा होना मेरा इकलौता हुनर बिलकुल नही था,

बनकर रिश्तों का सच मैं एकाँत लिखना चाहता हूँ।

अपने कल से घबराया मेरे कल से मुझको डराता था,

मने आज से लड़ रहा हूँ मैं उसको बताना चाहता हूँ।

वक़्त मेरी कोशिशों को सबक बनाने पर तुला था,

हर घाव की दास्ताँ सभी को मैं सुनाना चाहता हूँ।

असलियत मैं एक ख्वाब जाली पल गया था,

सो नुकसान सबसे सारे मैं छुपाना चाहता हूँ।

उसने अपनी आँखों से हर बार मुझको आँका था,

क्या रही अब तक हक़ीक़त मैं दिखाना चाहता हूँ।

बर्बादी तेरा जिक्र तेरा मुकाम था "अभिदेव"

अब हर बंदिशों को मैं भुलाना चाहता हूँ।

कैनवस पर फिरे रंगों में फँसा किरदार नहीं बनना

#अभिदेव

अनचाही बारिश भी जमीन सोख लेती है,

वैसे ही इश्क़ हर दिल में जगह लेता है।

रूह के अंदरूनी हिस्से में भरकर फैलता है बाहर,

हाँ मगर औसतन देखा गया है, घाव जिस्म पर भी

सज जाते हैं कुछ मामलो में।

हाँ में , ना में, नसीब में , नमाज़ों में,

असलियत में आखिरी में अंदाजों में।

तोहमत में, तृष्णगी में, तकाजों में,

दिल में, दर्द में, दराजों में,

आँसुओ में, आँखों में, एहसासों में।

मिट्टी में नमी की तरह हर तरह ,

बस गया है , इश्क़।

खयालो की खरपतवार से जहाँ,

दिल की हर फसल आहत है ।

वहीँ कोई घास उगती है ,

जो दिल के दर्द की दवा है राहत है।

खोदकर मट्टी जमीर की ,

उसे गहरे में रोपा गया था।

जिंदगी की छाँव जैसी उम्मीदों ने,

उसकी जड़ो को हर तरफ फैला दिया था।

मगर फिर जड़ो ने ही अस्तित्व पाया,

दरख़्त किसी हवन में जल गया था।

#अभिदेव

वो तलाश बन गया है,

जो मेरी शाम था कभी।

वो मुझसे दूर जा रहा है

जो मेरे नाम था कभी।

रोज उस किनारे जा बैठता है,

जो दरिया बदनाम था कभी।

वो दिल को बेचैन कर रहा है,

जो दर्द में भी आराम था कभी।

उससे छुपकर उसे ही ढूंढना है,

जिससे मिलना सरे आम था कभी।

उसका अंधेरो में रह बसेरा मिला ,

जो जिंदगी का "घाम" था कभी ।

वो दरवाजे पे अलविदा कह रहा है,

जो हर प्यास का इंतजाम था कभी।

घाम- धुप

#अभिदेव

behद करीब था वो,

उस पर ऐतबार भी था।

मेरी शाम की शहर था,

मेरा वो प्यार भी था।

उसे पाना जीत मेरी,

उसे खोना हार भी था।

संछिप्त भी वही था,

वही मेरा सार भी था1।

नसीब से मिला था जो,

उसीका इन्तजार भी था।

जो रूह में बस गया था,

वो नजरो से फरार भी था।

बेहद करीब था।।।

#हिंदी

अक्सर याद आना उसका,

उसके जाने पर शुरू हुआ।

हर ख्याल ख़ाक लगता है,

जो उसके आने पर शुरू हुआ।

वो तसल्ली की बात करता रहा,

दिल ये बर्बाद पहले डरता रहा।

फिर डर को मुकाम मिला जब,

दर्द संभलकर अकेले बढ़ता रहा।

किसी गैर को घर का पता दिया ,

वो नामौजूदगी की खबर तकता रहा।

खत ख़ुशी खयाल सब ले गया वो,

आँखों में जिसकी सबर पड़ता रहा।

बेफिक्र जिंदगी अपने काबू नहीँ आयी,

अजनबी धुन , मन गुनगुनाता रहा।

घाव दास्ताँ किस्सा कहानी ,सबको बताकर,

फिर शहर भर , तन छुपाता रहा।

#अभिदेव

<u>रूठी रूठी साँसे,</u>

रूठा रूठा कबसे मन।

रूठे शब्दों की आवाज,

रूठा रूठा सबसे मन।

पत्ता पत्ता टुटा है,

निर्जल बन जब छूटा है,

सब कहते हैं पुष्प झड़े,

बिन जल उपवन सूखा है।

भीगा भीगा आँसू,

बिछड़ा बिछड़ा सबसे मन।

तनहा तनहा राहें,

तड़पा तड़पा तबसे मन।

जंगल की है व्यथा यही,

सूखे पत्तों पर आग लगी।

आखिर में क्या मिलता है,

यादें जिनपर राख लगी।

उलझी उलझी चाहत,

आधा आधा तबसे मन।

एक स्वप्न अधूरा क्यों छूटा,

प्यासा प्यासा कबसे मन।।

रूठी रूठी साँसे.....

#अभिदेव_आभाष

वो परवाह करने लगा था,

सो अपने गम को ज्यादा किया।

सफर के आखिरी तक चाहूँगा,

फकत उसको ही मैं, ये वादा किया ।

उसका मिलना , पूरा कर गया था,

उसके यूँ चले जाने ने, आधा किया।

जब एक रात आँख बंद करके रोये,

आँसुओ ने न बहने का ,इरादा किया।

जबसे दर्द हद से बढ़ गया जिंदगी में,

हमने जो भी किया हद से ज्यादा किया।

#अभिदेव_आभाष

<u>कभी ख़ुद से हार जाओगे तुम</u>

आख़िर यहाँ सदा के लिये कौन जीता है !

होश मत खोना तुम वो अहसास ढूँढना

और फिर बिना एहसासों के , कौन पीता है !

झ़रना वक़्त का तुम्हारी सिफ़ारिशों से नही झुकता

माँझी सा बना ख़ुद को वो तूफ़ानो से नही डरता!

तुम्हें ख़ुद का जीना आशान लगता रहा होगा

हार महसूस हो जाय तो फिर कोई नही थकता!

यहाँ कंधो पर सिमट चुका है सब कुछ

नीब और हक़ीक़त अब ज़रूरी नही है!

बड़ें शौक़ से तबाह होता है हर श्क़श

हाँ तुमसा हुआ हो ज़रूरी नही है!

बड़े ज़रूरी ख़यालात काग़ज़ पे उतरते रहते हैं

महँगे नही हैं मगर खोने से डरते रहते हैं!

हमें भी अचानक ही मिला था वो अहसास

अब ये है की वो पल याद करते रहते हैं!

शहर में बहुत मुझसे रहते हैं!

अभिदेव_तृष्णा

<u>अभी दरमियां हैं सवाल कुछ,</u>

फासले हैं भी या नहीं भी।

पूछना तो था हाल दोनों को ,

दोनों का मन है भी या नहीं भी।

रात जाया हर रात जिसकी होती है,

वो असलियत में सोता भी है या नहीं भी।

मसलन उसका खयाल याद आ जाए,

लगता है फ़िक्र करता भी हूँ या नहीं भी।

हर शहर हर सराय पर यही बात होती है,

कोई जिंदगी का हिस्सा है भी या नहीं भी।

किस्सा बन के रह जाना मुकाम तो नहीं था,

खेर किस्मत पर यकीन है भी या नहीं भी।

ये जो एहसास लिखने का दिल का फैसला है,

इसका हमपर असर है भी या नहीं भी।

तलाश जारी है दोनों तरफ बेहतर वक़्त की,

मगर दोनों को इन्तजार है भी या नहीं भी।

#abhidev

जो ये दिल है ना,

दिल चाहता रहा जिसे।

वही गैर है हमसे,

दिल पुकारता रहा जिसे।

बिगड़ी कस्ती सा जिंदगी भर

सुधारता रहा जिसे।

अपने गुरुर की छत बिठा कर,

बिगाड़ता रहा जिसे।

फ़ाक़ा मस्ती की उम्र में,

गजल में उतारता रहा जिसे।

अपनी बर्बादियों की राख से भी,

दिल हर पल ,संवारता रहा जिसे।

नीलामियों से गुजरते हुए,

मुस्कुराकर निहारता रहा जिसे।

जो दिल साँसों की खलबली बना

दिल हारकर धिकारता रहा जिसे।

मुश्किल हाल तन्हाई का साथ,

मैं हौसला, मानता रहा जिसे।

वो एक पल में अंजान बन गया ,

मैं उम्र भर, जानता रहा जिसे।

जमी पर फिसल के गिरता था,

उड़ने का हुनर सिखाता रहा जिसे।

वही पिंजड़े में कैद कर गया है,

काँधे पे रखकर, उड़ाता रहा जिसे।

दिल की दिल से ख्वाइश थी,

ये दिल लम्हो में, मारता रहा जिसे।

वो दिल अब कोहिनूर बन गया है,

महज इशारों में, हारता रहा जिसे।

जो ये दिल है ना,

दिल।चाहता रहा है जिसे....

#अभिदेव_आभाष

मैं खो दूँ स्वप्न के शिखर,

मैं भूल जाऊ हृदय का विलाप।

बन जाऊं पत्थर मैं बीहड़ का।

खो दू नमी मैं बंजर जमी सा।

न पुकारु किसी और को मैं,

देखूं बस अंतर्मन का अतल।

ढूंढू न धरा पर अस्तित्व अपना,

मैं अम्बर पर अपने गीत लिख दूँ।

सम्भावना से परे , चाह का घर ।

मैं बरसो वर्ष से रास्तो पर हूँ।

थका हारा मेरे ठिकानों का हाल,

मैं रहता यहाँ कुछ वास्तो पर हूँ।

ये गिरेबाँ की कमियां काश होती,

ये दिल का काश रोना नहीं होता।

कोई लकीरो की हेराफेरी जानता,

जो हुआ था काश होना नहीं होता ।

मैं खो दू स्वप्न के शिखर।

#अभिदेव

हर घाव की दास्ताँ है एक,

हर जिस्म की एक कहानी है।

हर कदम राह भटके हैं यहाँ,

हर किसी की एक निशानी है।

हर दर्द की सूरत नयी सी है,

हर तस्वीर उसकी पुरानी है।

हर किस्सा जो याद आता है,

हर मर्ज हर दवा ,जलानी है ।

हर नजर को बेनजर किया गया,

हर नजर को प्यास सी बुझानी है।

हर नजर हताश फिर रही है ,

हर नजर यहाँ एनको की दीवानी है।

#abhidev

बहुत बेचैन करता रहा,

रात भर जिक्र होता रहा।

वो अब किसी और का है,

जिसका हिज़्र रोता रहा।

तकलीफ बन गया वो,

जो खैरियत था मेरी।

मुझे निलाम कर रहा,

वो हैसियत था मेरी।

उसकी देहलिजो पे हंगामा,

हर शाम सोचता हूँ मैं।

मदहोश होकर उसके बारे में,

बहुत कुछ बोलता हूँ मैं।

वो मूरत से पत्थर हो रहा है,

मेरे सीने में खंज़र खो रहा है।

सावन उसके बगेर क्या गुजरा,

एक दरिया , समंदर हो रहा है।

ये खयालो का जीना मेरे अंदर,

मुझे ही मारता रहा मेरे अंदर।

वो जबसे दगा देकर गया है ,

दर्द को संवारता रहा, मेरे अंदर।

बहुत बेचैन करता रहा,

रात भर।। जिक्र होता रहा।

<u>#अभिदेव</u>

<u>कल फिर मुझे ,</u>

याद आने लगोगे।

मुझे आँसुओ से,

तुम बिघाने लगोगे।

तुम्हारे बिना मैं ,

जी न सकूँगा।

कसम हैं तुंहारी ,

मैं पी न सकूँगा।

तड़पकर ये दिल फिर,

तलाशेगा तुमको।

बड़ी तन्हा रातों में,

ये तरसेगा तुमको।

मुझे महफिलों में,

अनसुना करोगे।

हर पहर फासलों को,

तुम दोगुना करोगे।

भुला न सकोगे,

मगर कोशिशें करोगे,

मुझसे दूर होने की,

तुम साजिशें करोगे।

बदल कर जगह तुम,

उसे मिला जब करोगे।

मेरी चाहतों से ,

दगा तुम करोगे।

मैं खामोश होकर ,

दुआ ये पड़ूँगा।

तेरी ख्वाइशों में,

सदा खुश रहूँगा।

कल फिर मुझे ,

याद आने लगोगे।

#abhidev#अभिदेव

विरह के गीत लिखता रहा,

विचलित मन अवशाद में।

सारे नाते रिश्ते तोड़ डाले,

जब छोटा पड़ा हिसाब मैं।

तंज तानों से सिसकते सिसकते,

सखा की ढूँढ़ में भटकते भटकते

मन ने तन से निर्वाण माँगा,

किन्तु सबने परिणाम माँगा।

हारना सीखा ,जीत का हल भी तोडा

अपनत्व के लिए हृदय तल भी छोड़ा।

अब वेदनाओं का विलाप किससे कहूँ,

भूख ने भोजन प्यास ने जल भी छोड़ा।

अश्रु मोती थे कम ही प्रवाहित हुए हैं,

कितने दर्द अंदर ही समाहित हुए हैं।

जीवन उद्यान की अनमोल स्वप्न बेलें,

आत्मा के ज्वार से प्रभावित हुए हैं।

तत्व के अनुभाग अब सब रिक्त हैं,

अनुभव सौ हजारों से अतिरिक्त हैं।

एकांत की व्यथा अब शांत है अंदर,

जो सबसे कहा वो महज क़िस्त हैं।

विरह के गीत लिखता रहा,

विचलित मन अवशाद में।

#abhidev_आभाष

बरसता ये सावन,

रुका क्यों नहीं है।

याद तो वो आया,

मिला क्यों नहीं है।

अधूरी ये ख्वाईश,अधूरे हैं हम

अगर वो नही है, अधूरे हैं गम।

हमें जिंदगी से ,रजा क्यों नही है,

नसीबो में आखिर,वफ़ा क्यों नहीं है।

हमें जिंदगी से , गिला क्यों नहीं है।

याद तो वो आया, मिला क्यों नही है।

उसे ही क्यों हमने,दिल दे दिया है

उसी ने हमारा , सुकु ले लिया है ।

हमारी तलब थी हमारा नशा था,

आशिक़ी ने सारा, जुनू ले लिया है।

ख़त्म सारी रंजिश ,खलिश क्यों नहीं है,

ये दिल जल रहा है, तपिश क्यों नहीं है।

हमैं उसका जाना, खला क्यों नहीं है,

याद तो वो आया, मिला क्यों नहीं है।

बरसता ये सावन ,

रुका क्यों नही है।

#abhidev_तरन्नुम

दस कदम पर साँस फूलती है,

और चलना सौ मील हो जैसे।

साँसों से लड़ कर भाग भी लुँ,

चुभ रही पाँव में कील हो जैसे।

जिंदगी बिन पहिये का तांगा,

गधा मजबूरन खींचता हो जैसे।

एक हिस्सा जो बंजर हो चूका ,

उसे हर रोज कोई सींचता हो जैसे

ये नाव किस वक़्त डूबने वाली है,

माझी पतवार से पूछता हो जैसे।

एक इंसान बीहड़ में खो जाता है,

वो खुद का पता ढूंढता हो जैसे।

कोई अपना शहर में गैर हो गया हो,

तँग हालो में जमीर काँपता हो जैसे,

सामने जिसके खुशियों की खायी है ,

उसे अजीज गम कोई बांधता हो जैसे ।

मौत सुकून बन गयी, ख्वाब से बेहतर,

चाह कर कोई ख्वाईश मारता हो जैसे।

उड़ान भरना जिंदगी का मुखड़ा रहा हो

उसे हर कदम पर कोई संभालता हो जैसे।

महफ़िल में वाह वाही का हल्ला हो रहा हो,

ग़जलों में अपना गम कोई गुनगुनाता हो जैसे।

बदन पर कोई पुराना लिबाज़ चमक रहा हो,

आबरू को मेरी कर्ज कोई बताता हो जैसे।।

#abhidev

<u>अवशाद के नगर में</u> ,

एक वक़्त से किराये पर हूँ।

शहर काफी नजदीक ,

और बड़ा दीखता है यहाँ से।

ख्वाइशें मिलने आया करती हैं,

हर बार आँसू पिलाया करता हूँ।

दर्द जब देर रात बैठा रहता है,

उसे अपने साथ सुलाया करता हूँ।

सुकून का कर्ज कोई नहीं देता ,

मगर घुटन यहाँ बाँटी जा रही है।

कल अतीत का सावन रुला गया,

आज अवशादो की आंधी आ रही है।

खुशहाली की दलाली भरता रहा हूँ,

अपनी हर रात काली करता रहा हूँ।

महज साँसों का चलना गर जीना नहीँ,

हर धड़कन हर पहर रोज मरता रहा हूँ।

चुभन अनगिनत ,वजीफा बन कर मिली,

मगर दिल ठहर कर सब्र करता रहा ।

अँधेरा आगोश में ले बैठा था हर ख्वाब ,

दिल सहम कर डरता रहा सहता रहा।

अवशाद के नगर में ,

एक वक़्त से किराये पर हूँ।

शहर काफी नजदीक ,

और बड़ा दीखता है यहाँ से।

\#अभिदेव

"इन्तजार "

यही कर रहा हूँ,

यही करना पड़ेगा।

यही कर सकता हूँ

यही आश है

यही उम्मीद

यही दुआ

यही फलसफा

यही लोग कहते हैं

यही सच है

यही होना है

यही हुआ है

यही जीता है,

यही हराता है।

यही मिलवाये ,

यही लड़ाता भी है।

यही सहजता है,

यही समझदारी।

यही मान है,

यही खुद्दारी।

यही भला भी है

यही बुरा भी है।

यही रुलाये कभी ,

यही हँसाता भी है।

यही दर्द देता है,

यही देता है दवा,

यही घाव बनता है,

यही बनता है सफा।

यही इलाज है हर मर्ज का

यही दावा है भगवान का।

यही काम है हर कर्ज का ,

यही कर्म है इंसान का।

यही अनुभूति है हृदय की,

यही विजय है वक़्त पर।

यही कांति है भक्ति की,

यही कृपा है भक्त पर।

यही प्रहार है समय का

यही उपहार है प्रकृति का

यही हत्यार है निर्बल का,

यही एक सार है शक्ति का।

यही करना सही रहेगा ,

यही होता रहना चाहिए।

यही लबो की हंसी बने,

यही रोता रहना चाहिए।

यही उम्मीदों का घर ,

यही कल का आशियाना है।

यही है रास्ते का पानी ,

यही मंजिल से पहले का ठिकाना है।

यही मायूस कर देगा ,

यही फिर बुदबुदाएगा।

यही कल ग़ज़ल बनेगा,

यही फिर गुनगुनायेगा।

यही स्वर है ,

यही है साज,

यही धुन है,

यही है ताल।

यही कल को आयाम देगा,

यही तुमको नाम देगा।

यही साध्य होने की कला है,

यही हाथों को जान देगा।

यही तुम को मैं कह सकता हूँ,

यही सबने मुझसे कहा है।

यही अब साँसों में बस गया है,

यही एक जरिया रहा है।

यही अब फासला है ,

यही फैसला शायद।

यही न कर सके हम,

यही करना था शायद ।

सो

यही कर रहा हूँ मैं,

यही करना पड़ेगा।

यही कर सकता हूँ मैं ।

"इंतजार"

#अभिदेव-आशायें

ये आँखों का नशा ,

किराए पर लिया है।

अपने ही शौक ने,

बर्बाद कर दिया है।

हँसी मजबूरियां हैं,

रोना छुप कर हुआ है।

ख्वाइशें दफ़न हो गयी,

ख्वाब तन्हा कर गया है।

आसमा से बड़ा दिल ,

बादलों से ढक गया है।

चाँद की ढूंढ़ में दिल,

आधी राह तक गया है।

सावन आके पूछता रहा

दर्द का आँसू किधर गया है।

होंठ अब कुछ नहीं बोलते,

मन किसी दरिया ,ठहर गया है।

जो अपना कभी था ही नहीं,

उसे सब कुछ समझ लिया है

किसी से है नहीं शिकवा हमें,

मगर हमने ये गलत किया है।

ये आँखों का नशा,

किराए पर लिया है।

एक घड़ी जब बैठता हूँ कहीं,

जहन में कोई खयाल जब नहीं होता।

मैं कुछ भी नहीं सुनना चाहता,

किसी से मिलने का मन नही होता।

तब भी तेरे ख्वाब दिल पर बोझ ,

साँसों के साथ खिलवाड़ करते हैं।

तूफ़ान जिन्दा होने लगता है धीरे,

धीरे धीरे तुझे हम याद करते हैं।

गुजर बसर और जिंदगी के सवाल,

जवाब में बस तेरा जिक्र है मेरे पास।

अपने मर्ज़ खुल कर बता नही सकता,

गम हिज़्र आँसू तेरी फिक्र मन उदास ।

साथ गुजरे पल अतीत की बातें ,

लगता है जैसे थम गया हूँ मैं।

तू जिंदगी में आगे बढ़ गया है।

और पीछे कहीं जम गया हूँ मैं।

कुछ न था गुरुर मेरा तेरे सिवा ,

तेरा न होना मुझको खत्म करता है।

कभी देखा है तुमने इश्क़ का घाव,

जो जिन्दा ही सबकुछ दफ़न करता है।

देखकर दुनियां सब समझ गया हूँ मैं,

कितनी रात मदहोश होकर ,घर गया हूँ मैं।

जो जो न करना सिखाया गया हमको ,

वो सब कुछ करके , अब थक गया हूँ मैं।

एक घड़ी जब बैठता हूँ कहीं।

Abhidev

<u>दिल उदासी की बात करे ,</u>

जरा सा मुस्कराना तुम।

खुशियाँ आकर गले मिले,

सभी में बाँट आना तुम।

यहाँ कुछ भी सदा का नहीं,

खुद को ये समझाना तुम।

दर्द जब हद से बढ़ जाये,

पढ़ना ग़ालिब, गुनगुनाना तुम।

कोई हाथ थाम लो अगर ,

उम्र भर रिश्ता, निभाना तुम।

दीवारों का जब रंग फीका पड़े,

अपने हाथों से ,सजाना तुम।

कोई मेरा जिक्र तुमसे करे,

मुझे अंजान बताना तुम।

अब तलक इश्क़ छुपाये रखा,

मेरी पहचान भी ,छुपाना तुम।

यकीनन ख़ाक में जा मिलूंगा,

मेरे पुराने खत ,जलाना तुम।

किस्सा अब कहानी बन गया,

सो हकीकत ,भूल जाना तुम।

अगर हो शिकायत कोई बाकी ,

याद आकर रातों में, सताना तुम।

जो कभी तन्हाई दिल में बस जाये,

मुझे ख्वाबो में बेजिझक ,बुलाना तुम।

दिल उदासी की बात करे,

जरा सा मुस्कराना तुम।

#abhidev

ये मन हार कर तुम,

क्या भला जीत पाओगे।

आधी राह हाथ छोड़ा,

कैसे भला प्रीत पाओगे ।

गुलशन के फूल थे तुम,

काँटो से मिला दिया तुमने।

तुम्हे चाहा और कुछ नही,

जज्बातों का ये सिला ,दिया तुमने।

तुंहारी याद आखिर कब तलक

दिल को बोझिल करती रहेगी।

अब सवाल बस ये बाकी रहा,

कब तलक साँस ,चलती रहेगी।

मात तुमको मिली ही नहीं शायद,

ये खेल तुमने कई बार खेला है।

विसात की हार हमने भी न देखी,

मगर हर बार ईमान से खेला है।

जीत कर दो जहान तन्हा फिरोगे,

नहीँ जानते तुम और कितना गिरोगे।

ये सफर जब आखिरी सांस लेगा,

याद रखना तुम मुझे ,दोज़ख में मिलोगे।

ये मन हार कर तुम,

क्या भला जीत पाओगे।

#अभिदेव

<u>किस हाल में छोड़ा है,</u>

दिल तुमने तोडा है।

ये कैसा हाल हमारा है,

किस मौड़ पे छोड़ा है।

तक़दीर बदल दी तुमने,

ख्वाब जला डाले हैं,

क्या तुमसे पुछु में अब,

सारे सवाल जला डाले हैं।

तेरी कमी से तन्हा होकर ,

मदहोश शराबी बन बैठा हूँ।

बेहोशी मुझको संभाले है,।

होश में आना भूल बैठा हूँ

#अभिदेव

<u>तेरी याद में मरू ,</u>

की बेहतर है तेरे साथ मरु।

तू पकड़ हाथ साथ ले चल,

तेरे बगैर में हर रात मरु।

नहीं खबर तेरा सफर किस तरफ है,

क्या खबर तेरा हमसफ़र कोई और है।

मेरी जिंदगी का फ़क्त इक नजारा है तू,

मेरा हर इश्क़ हर इशारा तेरी ओर है।

मेरी धड़कन करीब आकर सुन ज़रा,

तू जान तो सही ,मेरा हाल क्या है।

क्यों बेबसी है , घबराया है दिल ,

किसकी कमी है ,मलाल क्या है।

तेरे साथ सारे ख्वाब बुनकर रखे हैं,

तेरे लिए लिबाज़ चुनकर रखे हुए हैं।

मेरे लबो पर बस तेरा नाम बाकी है,

सारे एहसास तुझ पर थमे हुए हैं।

तेरी याद में मरु,

की बेहतर है तेरे साथ मरु।

दिल आजकल बेखयाल,

तेरे ख्वाबो में खोया हुआ।

चाँद को जमी पर बुला रहा,

नासमझ ,पागल हो गया है।

तेरी तस्वीर उसके हाथों में,

रूह में भी तुम बसी हुई हो ।

बेचारा घबराता है कहने से,

तुम उसकी चाहत बन गयी हो।

बेचैनी उसे हर लम्हा सताये ,

वो तुम्हारे गीत गा रहा है।

बेमौसम है ये सर्द बारिश ,

वो पागल भीगता जा रहा है।

उसे तुम्हारा पता नहीं मालूम,

और वो खत लिखता जा रहा है।

कैसे मदहोश कर देता है इश्क़ ,

देखो एक और नमूना जा रहा है।

हिदायत भी उसे बहुत मिली

मगर वो कहाँ बाज आ रहा है ।

तेरा होना न होना वो क्या समझे,

वो खुद को तुझमें समा रहा है।

ये इम्तिहाँ है तो बाजी जान की है,

खेल है गर तो कोई दुखता जा रहा है।

दिल आजकल ,बेखयाल।

#abhidev

जब याद तुझे करते हैं,

तेरी कसम आहें भरते हैं।

वक़्त हुआ हम दूर हुए,

हम अब भी तुझ पर मरते हैं।

हाँ प्यार तुझी से करते हैं,

लमहों के झगड़े , तुमने मुझको छोड़ दिया

सम्भला ही था की तुमने फिरसे तोड़ दिया।

याद आता है हर एक सपना ,

छुप छुपकर बन्द कमरो में रोते हैं,

किसकी उलझन बनकर तुम खुश हो,

सोच कर तन्हा , देर रात सोते हैं।

तू हमसफ़र रहा नहीं,

तुझे खोने से डरते हैं।

तुझे खबर तक नहीं ,

तेरे ख्याल मुझसे लड़ते हैं।

हम अब भी तुझ पर मरते हैं,

हाँ प्यार तुझी से करते हैं

Abhidev

<u>कुछ इस तरह</u> ,

बेखबर हो गए हैं,

दिल बेचैन होकर ,

अजनबी हो गया है।

तेरी याद आ रही है,

आंसू बहा रहे हैं।

हमको खबर नही हमारी,

तुझको बुला रहे हैं।

बर्बादीयां लिखी हुई हैं,

लकीरों में तू नहीं है।

तेरे बगैर मेरी जिंदगी में,

कुछ भी नहीं है।

तन्हाईओं में तुझे भूल जाना,

तस्वीर तेरी खो गयी है।

अब ये दीवारों से बात करना ,

तकदीर मेरी हो गयी है।

खत्म अब जिंदगी का मसला,

मुझमें मेरा ख़याल मर गया है।

इश्क़ की हकीकत सामने आयी,

प्यारा मेरा ख्वाब , डर गया है।

#अभिदेव

<u>चन्द लफ्जों की तालीम,</u>

अनगिनत एहसास कैसे लिखुँ।

दरिया पर लोग जान दे बैठे,

मैं अपनी प्यास, कैसे लिखुँ।

हमें अपनों में ही गैर मिल गये,

गैर को अब दुश्मन, कैसे लिखुँ

साजिशों से तबाह घर हैं यहाँ,

अपनी छोटी सी उलझन, कैसे लिखुँ।

मेरी देहलीज़ पर ख़ाक उड़ रही है,

इस कर्ज में नये ख्वाब, कैसे लिखुँ।

दिल -जहन चाहता है मौत आ जाए ,

मैं ये आखिरी फलसफा, कैसे लिखुँ।

जाया हुए अब तक के सारे मुकाम ,

मैं तख्ती पर नया नाम, कैसे लिखुँ।

बहुत कुछ अपने नाम करना था मुझे,

मगर अब खुद को बदनाम, कैसे लिखुँ।

मेरी कलम मेरे खयाल निलाम हो गए,

ऐ यार अब तेरे एहसान ,कैसे लिखुँ।

बर्बादी तेरा जिक्र बन रही है "अभिदेव"

है हर लम्हा परेशान मगर, कैसे लिखुँ।

#अभिदेव

किसके बगैर दिल उदास है,

भरे सावन ये कैसी प्यास है।

कोन दिल से सवाल पूछता है

ये दिल को किसकी तलाश है।

खो गयी हैं ख्वाईश पुराने ख्वाब,

इस क़द्दर की हँसी भी हताश है।

पहले भी गम थे अज़ीज़ हमको,

मगर अबके जख्म, दिल के पास है।

जैसे नामौजूद हो पुर्जा जिस्म से कोई ,

एक अजब सी चुभन का एहसास है ।

किसके बगैर दिल, उदास है।

#अभिदेव

दिल हताश, जेहन में अधूरे खयाल

फिर भी जीने को दिल करता है।

तेरा न होना भी अब होना है यकीनन

मेरा रोज तुझसे मिलने को दिल करता है।

जैसी बेरुखी भर गई है हर घाव में देखो,

मलहम से ज्यादा इन्हें खुरचने को दिल करता है

मयखानों में जब से जाम महँगा हो गया है ,

तबसे मयखाने खरीदने को दिल करता है।

तेरा फासलों को हमारी कहानी बना देना ,

तुझे भी अब गैर कहने को दिल करता है।

ये लकीरो का महज खेल है या पलगुजारी,

यहाँ अब कुछ देर ठहरने को दिल करता है।

किसके आयने टूटे किसका फिर पता बदला,

कभी कभी खुद को ढूंढने का दिल करता है।

किसकी तलाश में हम खुद का दरिया भूल बैठे,

हताश होकर कभी डूबने को दिल करता है।

Abhidev

<u>टूटते बिखरते स्वप्न,</u>

आधी अधूरी ख्वाईश।

एकांत का सृजन ,

अंत में हृदय जल मग्न।

शब्द ,मार्मिकताओ से परे ,

क्रोध का भाव जप रहे।

नित्य ही नियम विलय ,

नये दर्द जीवन में पग धरे।

मय का रंग चढ़ के उतरे,

अवसाद होंठो पर ठहर कर,

पुकारते हैं नए बिष को ,

और मयखाने देखते हैं, ठहर कर।

मंद भाव अनभूति ,अस्तित्व खो दे

सारे आंसू एक प्रवाह बहकर रिक्त हो

जेब की सर्द गर्मी जब सभी के सामने,

न चाह कर भी हाल जब कहीं व्यक्त हो।

फिर कोंपलों का इक रात में बेल होना,

आखिरी संकल्प का फिर श्रेष्ठ होना।

तन के आश्रय में फिर मन का रोना।

जटिलताओं की सतह पर स्वप्न बोना।

जीवन सिखाता चला जाय, ये जीवन है।

मिरदुल मन अब मानता है ,यही जीवन है।

#अभिदेव

पल गुजारी के लिए फकत इतना ही चाहिए,

शाम ढलने से सुबह तक,तू याद आना चाहिए।

बेकरारी से बेफिजुल होने को बस इतना चाहिए,

हमको सारी रात खुला, कोई मयखाना चाहिये।

कोई जिद नहीं पाने की हमको, बस इतना चाहिये

ये लिबाज़ आशिक़ी का कुछ और निखरना चाहिए।

तू हकीकत में मेरे आस पास हो न हो,

खयालो में बस तू ही दिखना चाहिये।

#abhidev

जवानी भर का सँघर्ष,

और फिर अकेले बैठ कर पीना,

ये हमको नगंवारा था।

जी भर के पी कि मयखानों के दरवाजे,

बंद होने लगे वक़्त पर मगर हम बेवक़्त हो गये।

खर्चे बड़े ,सुबह सर चढ़ि कभी सम्मान पर भी।

कभी सच कहा कभी अड़े अभिमान पर भी।

मगर फिर दम टूटना जरुरी था,

हमारा टूटे इसकी मंजूरी मिली नहीं।

दम था कि फिर बेवक़्त खरीद कर पी लें,

मगर ऐसी कोई मज़बूरी मिली नहीं।

सो हमने फिर झूठी कसम खाकर,

सच में पीनी छोड़ दी,

सब अच्छा है बगेर इसके की यार कहते हैं,

हमने जिंदगी जीनी छोड़ दी।

जो मजा पिने का गम और संघर्ष में है,

वो खाली वक़्त को जाम में भरने का नहीं।

कोई उम्र के संवेदन पड़ाव पर शराबी कहे,

हमको डर इसका है यकीनन, फिसलने का नहीं।

अब जवानी ढल गयी है,

संघर्ष चल रहे हैं मगर अब एक धुन हैं।

सारे पुराने किस्से वो बहक जाने के,

सच मानो अब हमारी तर्रान्नुम हैं।

इस तन्हापन में हजारों किस्से हमें,

हमारे कुछ होने का यकी दिलाते हैं।

वो पुराने झगड़े शराबे मस्ती के हमें,

आज भी अपनापन सिखाते हैं।

मगर इतना गौर करने के लिए ,

ये पीना एक वक़्त पर हताश होना चाहिए।

कोई वक़्त नहीं बाँधा जा सकता सच है,

मगर ये मेरे यारों ,आभाष होना चाहिए।

जवानी भर का संघर्ष,

और फिर अकेले बैठ कर पीना।

ये हमको नगंवारा था।

#अभिदेव_दृश्य

महज एक खेल था बस,

इश्क़ की पारी खत्म हुई।

वो नयी बाज़ी की तरफ,

जिन्दगी हमारी जख्म हुई।

वो हर पहर याद करता था,

अचानक खलिश कम हुई।

उसका किसी ने जिक्र छेड़ा,

आँखे हमारी देखो नम हुई।

मैं नये ख्वाब संजो रहा हूँ,

उसे तो यूँ लगता है।

वो ताबीज़ बदल चुका है,

फिर अपना क्यों लगता है।

दर्द की हर सतह साथ देखी,

मैंने उसे महोब्बत पढ़ाई थी।

नादान थी नरम सा दिल था,

उसको मैंने दुनियां दिखाई थी।

सच ये है ठिकाना नहीं था,

वो वाजिब था बहाना नहीं था।

कितनी बार उसको समझाया,

हमको फकत रुपया कमाना नही था।

ये जिस्म की दूरी कभी समझी नहीं ,

वो चला गया है हमको खबर नहीं।

टटोलता हूँ वक़्त जब अपने लिए ,

लगता है वो मिलेगा , मगर नहीं।

मुकाम इकलौता हमसफ़र ,

सबसे ऊँची मंजिल पर तन्हा रहूँगा।

बस तुझे लम्हा लम्हा याद करके,

ज़िंदा रहूँगा , जहाँ रहूँगा।

महज एक खेल था बस,

इश्क़ की पारी ख़त्म हुई।

#abhidev_आभाष

राय देता है जमाना कि खुश रहूं,

ये दर्द उसकी इकलौती निशानी है।

सब जल कर तबाह हुआ वो नहीं आया

हमें दिल से दुनियां से इतनी परेशानी है।

दास्तानों के उबलते आँसुओ की भाप ,

मेरी आँखों में महज ठंडा सा पानी है।

छोटी सी जिंदगी को लम्हों में क्या बाँटू,

खाक सफर और बर्बाद जवानी है।

उसने तो मानो बस संवारा है दोबारा,

हमारी नीब कच्ची थी,यही कहानी है।

आफत आवारापन इश्क़ अधूरापन ,

हमारी शानो सौकत में ये बात पुरानी है।

#अभिदेव

हम ही मरते तो अच्छा था,

हमारा तो खयाल मर गया है।

कुछ ना ही करते तो अच्छा था,

करना तो सब तबाह कर गया है।

गुजारिश ही करते तो अच्छा था,

ख्वाइशों से तो ,वो डर गया है।

वो क्या हमको सुकून दे सकेगा,

सिफारिशों पर जो घर गया है।

तन्हा ही रहते तो अच्छा था,

हमसफर से तो ,मन भर गया है।

यूँ तो सब कहते हैं , बुरा है वो,

बतओ तो, किस पर गया है।

वहीं ठहर जाता तो अच्छा था,

यहाँ तो सब कुछ गुजर गया है।

बड़े दिनों बाद गाँव जब पहुँचा,

आखिरी इंसान तो शहर गया है।

खिलाफ होते तो अच्छा था ,

हमें तो अपनों ने जहर दिया है।

मगर हम ही मरते तो अच्छा था,

हमारा तो खयाल मर गया है।

#अभिदेव

हमें भी याद है सबक,

हमें भी इश्क़ का मलाल है।

जहाँ में कितना दर्द बाकी है,

अभी तलक यही सवाल है।

बदलते गये लिबाज़ उम्र की जानिब,

ये सभी का दावा है, हम नहीं बदले।

उसकी नामौजूदगी मौजूद इस तरह है,

बदल गये हम मगर ,गम नहीं बदले।

किनारों पर सैलाब ठहर गया हो जैसे,

सावन जैसे आँखों से बरस रहा हो।

तबियत का हमारी कुछ हाल ऐसा है,

जैसे ख्वाईश मर गई, दिल तरस रहा हो।

सदमे पल रहे खयालो में दिन ब दिन,

हर तरफ आयनों की महँगी दुकानें हैं।

लोग हँसता देख ,हमको पागल बताते रहे,

और हमें घाव-गम, अपने आंसू छुपाने हैं।

यूँ तो जिंदा हैं अभी ,स्याह भी अभी बाकी है,

हमको लगता है कभी, कि बात अभी बाकी है।

और कुछ भी तो वजह है नहीं उसे याद करने की

हमें लिखना है पलगुजारी, कि रात अभी बाकी है।

कुछ इस तरह उलझ गये हम,

कि कुछ ऐसा हमारा हाल है।

हमें भी याद है सबक,

हमें भी इश्क़ का मलाल है।

#अभिदेव_तृष्णा

किसकी जानिब यूँ चढ़े हम,

अपना ख्वाब भूल बैठे हैं।

किसका यूँ साया हुआ हमपर,

अपना हाल ,भूल बैठे हैं।

कौन है जो सवाल बनकर,

जवाब की खलिश बन रहा है।

राते बेहिसाब तन्हा काटी गई,

कौन रातों की तपिश बन रहा है।

कोई भी तो न आया है बाहर,

अंदर ये किसकी आहट हो रही है।

गुजरे मशवरे कुछ तजुर्ब बताते हैं ,

हमको दिल की शिकायत हो रही है।

कैसे भरम हक़ीक़त को घेरे बैठा है,

जो है नहीं वो याद आ रहा है।

वो होता गर न जाने क्या होता,

उसका न होना, हमको रुला रहा है।

क्या है खबर उसकी किससे पूछा जाए,

कहीं दरगाह जाऊँ या पंडत बुलाया जाए।

अगर हम हैं तो वो भी तलाश में हो शायद,

और कैसे बेचैन दिल को चुप कराया जाय ।

कितनी तरस रही है चाहत ,उसके बगैर

जिसका जिक्र असलियत में हुआ नहीं है।

कभी लगता है उस पर दोष धर रहा हूँ,

जो अभी हमको कहीं, मिला तक नहीं है।

कहाँ चाँद उसे जमी पर सुला रहा है,

कब उसे सूरज सुबह उठा रहा है।

वो अब अक्सर आने लगा है ख्वाबों में,

न जाने कहाँ हमें ,रोज बुला रहा है।

किसकी जानिब यूँ चढ़े हम,

अपना ख्वाब भूल बैठे हैं।

#अभिदेव

एक तुम्हारी आस में थे हम,

एक तुम्हीं ने साथ छोड़ा है।

दिल तुम्हें क्या क्या समझता था

एक तुम्हीं ने दिल को तोड़ा है।

याद है क्या वो घड़ी तुमको ,

और क्या तोहफे में तुमने दिया था।

हाँ करते रहे हम वही गलतियां,

मानते हैं ,इनकार सबने किया था।

हम तो पत्थर हो चुके थे,

दिल मगर तन्हा रहा था।

याद है हमको, पागल

सबसे पहले किसने कहा था।

सिमट कर मिलती रही मुझे तुम,

मासूम नजरों को हमने वफ़ा समझा।

तुम मुझे सदा के लिए बेनजर कर रहे थे,

हमने बेनजर होने को फलसफा समझा।

और भी थे दिल, तुमसे लगने को बेताब,

क्यों ये बर्बाद शहर, तुमको पसंद आया।

हर बात पे हँसा करता था खुलकर वो चेहरा ,

उदास है हर नजर ,तुमको पसंद आया।।

चाहतों का अलाव , सर्द रातों की तपिश

खयाली जहन ने तुमको, क्या क्या माने दे दिये थे

ख्वाबों के अब तक जितने भी कपड़े खरीदे ,

तुमसे मिलने की आतुरता में, सब सिलाने दे दिये थे

दरिया की तरफ किसीने सैलाब मोड़ा है,

फिर किसीने किसीका हाथ छोड़ा है।

ये महज़ अफवाह थी कि तूफान आ रहा है,

घर भरोसा दिल किसीने सच में तोड़ा है।

एक तुम्हारी आस में थे हम।

#अभिदेव_आभाष

<u>निराशा जब भी मेरे दरवाजे खड़ी होकर,</u>

मुझे टोकने की कोशिश में ,

अपना वक़्त जाया करती है,

मैं तब तब ख्वाबों के कारखानों से ,

एक चलती फिरती उम्मीद इजात कर ले आता हूँ।

जानता हूँ हर सफर आखिरी का है,

ये भी कि ये बदन किराये का है।

बोझ कम ही रखता हूँ कांधो पर,

मेरा जीने का अपना एक तरीका है।

गुलाब हमसे खफा रहे सो महोबत भी,

काँटो से हाथ भी छीलते रहे यकीनन।

जिस्म पर घाव देखे ही नहीं थे किसीने,

वक़्त पर हर घाव भी, सिलते रहे यकीनन।

ये टूटना ,बिखरना, बिछड़ना क्या कहानी है,

सुनार कहता है ये स्वर्ण होने की निशानी है।

कल एक फ़क़ीर दुआ में बादशाहत दे गया ,

कल से उदास है मन , यूँ ही आँखों में पानी है।।

गिरा हूँ कितनी बार ,उठकर बताया सबको

बयाँ हुआ इस तरह ,खुलकर हँसाया सबको।

कोई ना था महफ़िल में जो आँसू पोंछ लेता,

सो गजल खयालो में छुपकर रुलाया खुदको।

पूछता हूँ कितने मोड़ अब और बाकी हैं,

या फिर ये कि कितनी अब रात बाकी हैं।

क्या सब मेरी ही गलत अंदाज ख्वाईश हैं,

या फिर दर्द बेशक़ ,तक़दीर की चालाकी हैं।

इन सवालों से उलझकर ,थिरक कर ,तड़पकर

वो कुछ लम्हों में दम तोड़ देती है।

रात का एक पहर खर्च होता है मसलन,

फिर हक़ीक़त आहिस्ता ख्वाबो की और होती है।

जिंदगी किस तरह खुदसे ही नाखुश है,

देखकर निराशा , मुझको तन्हा छोड़ देती है।

#abhidev_खयाल

जैसे एक ग़ज़ल बांधी जा रही हो,

या यूं समझो कोई पूल बना रहा है।

जैसे एक ख्याल बेहर में ढल गया हो,

या यूं समझो कि अचानक वो आ रहा है ।

जैसे वीणा का एक तार बज गया हो,

या यूं समझो कोई नई धुन बना रहा है।

जैसे एक सिरहन बदन में उठ गयी हो,

या यूँ समझो वो कानों में गुनगुना रहा है।

जैसे दोपहर में एक शाम ढल गयी हो,

या यूँ समझो वो पागल बना रहा है।

जैसे एक घर पे दरिया बरस गया हो,

या यूँ समझो वो दिल को रुला रहा है।

जैसे सांसो पर कोई बोझ आ गया हो,

या यूँ समझो कोई फंदा बना रहा है,

जैसे एक ख्वाब सब तबाह कर गया हो

या यूँ समझो उसे कोई अपना बता रहा है।

जैसे आसमान बरस कर थक गया हो,

या यूँ समझो वो बहाने बना रहा है।

जैसे लहू ने रगो में बहने से इनकार कर दिया है

या यूँ समझो वो मुझसे दूर जा रहा है।

जैसे चाहतों का इन्तकाम आ गया हो,

या यूँ समझो वो बिस्तर बना रहा है।

जैसे मेरे घर पे घर कोई कर गया हो,

या यूँ समझो वो किसी का घर बसा रहा है।

जैसे काँटो में एक गुलाब छुप गया हो,

या यूँ समझो वो उसे काफ़िर बना रहा है।

जैसे इश्क़ अंदर ही घुट कर मर गया हो,

या यूँ समझो वो मुझे शातिर बता रहा है।।।

#abhidev_आभाष

ठहर कर दो घड़ी,

निष्पक्ष अपनी हतेलियो पर।

गौर करके उन लकीरों से,

सोच के चौराहे पर,

मेरा पता माँगना तुम।

यादो का शहर यकीनन,

एक दौर से तन्हा सफर में है।

तेरी तस्वीर दीवारों पर,

अब भी मेरे घर में है।

जानता हूँ राह आसान नहीं होगी,

तुम लकीरों से उलझ रह जाओगे।

फिर भी दिल तुम्हें सही राह देगा,

क्या धड़कनो को समझ पाओगे।

सिसकती हैं तुम्हारी ख्वाइशें कमरे में,

मेरी चाहत उन्हें चुप कराया करती है।

जिंदगी मौत पर फना हो देखना चाहती है

मदहोशी, मौत से पहले सुलाया करती है।

दावत मिली पागलपन को मेरे अंदर,

मैं तिनकों का घर बना रहा हूँ।

जहाँ रह सके दर्द बेआबरू होकर,

मैं ऐसा एक शहर बसा रहा हूँ।

जिक्र मेरे इस तरह तुम्हें मिल जायेंगे,

नाम लोगे मेरा फूल खिल जायेंगे।

मगर मैं जानता हूँ फलसफा अपना,

मेरे ख्वाब मुझसे कभी न मिल पायेंगे।

तुम कोशिशों अदा करना ,

जानता हूँ अच्छी अदाकारा हो तुम।

मेरी जानिब चढ़ने में साँस फूलती है,

जानता हूँ किसका अब सहारा हो तुम।

कभी जब यूँ मेरी तरह तन्हाइयो में,

खुद का अक्स ढूंढना पड़े तुमको।

नजरअंदाज खत खयालो का जखीरा,

अचानक कभी पड़ना पड़े तुमको।

जानोगे तुम्हारे जाने के बाद ,

महज तुम जिंदा रही मुझमें।

तुम्हारी ढूंढ में मसरूफ रहा,

तुम्हें पाने की खलिश रही मुझमें।

ठहर कर दो घड़ी,

निष्पक्ष अपनी हतेलियो पर।

गौर करके उन लकीरो से,

सोच के चौराहे पर,

मेरा पता माँगना तुम।

<u>#अभिदेव_तृष्णा</u>

<u>**कितनी बार हमको लगा कि वो है,**</u>

कितनी बार जाना कि वो नहीं है।

जो याद बनकर आता रहा,

दिल ने माना कि वो नहीं है ।

एक पर्दा गिरा रहा आंखों पर,

सिलवटों ने जाना कि वो नहीं है।

इश्क़ हमने गर्दिशों में भी पाला,

अब क्या निभाना, कि वो नहीं है।

ये नया धन्दा हाथ, लग गया है

सबसे छुपाना है , कि वो नहीं है।

लोग जो मुझको पागल कह रहे,

उनको बताना है ,कि वो नहीं है।

हासिल नहीं कुछ भी रूठने में अब

पड़ा खुद को मनाना, कि वो नही है

गुजारिशे उससे अब बस फ़ज़ीहत हैं ,

क्यों खुद को सताना, कि वो नहीं है।

सुनो ये बिस्तर ये ख्वाब जल रहा है

छोड़ो अब क्या बुझाना,कि वो नहीं है।

जिंदगी महज सांसो का आना जाना है,

जरूरी है मौत का आना, कि वो नहीं है।

मेरा दावा है अब भी की वो साफदिल है,

गलत है तोहमत लगाना, कि वो नहीं है।

चलो तुमको महीने की तनख्वाह देता हूँ,

मुझको पल पल बताना, कि वो नहीं है।।।

कितनी बार हमको लगा कि वो है------

#abhidev_आभाष

इश्क का हकदार बन कर

बेवफा होना, ठीक समझा

जो वक्त उसे तोहफे में दिया,

उसने उसे भी भीख समझा।

उस की गहराइयों में दर्द था,

फिर भी डूब जाना ,ठीक समझा

वो और भी गम पाल बैठा था ,

कश्तियां तैयार करना ,ठीक समझा ।

उस पार वह किसी से मिलने को था,

साथ चलना उसके फिर ठीक समझा ।

नहीं था पता कि काफिर मिला हमको,

उसे महफूज रखना ,ठीक समझा ।।

तन्हा खाली हाथ लौटना क्यों था,

प्रवाह उसकी की पलटना, ठीक समझा ।

यूं तो दिल बे आबरू होकर तड़प उठा था,

इन हालो में दिल ने धड़कना ,ठीक समझा ।।

जरूरत खालीपन का मुकदमा लड़ती रही है

दीवारों ने दरारों का होना, ठीक समझा।

किसी की पल गुजारी बनकर क्या हुआ हासिल

हमने खुद का सहारा होना, ठीक समझा ।।

बहुत बातों में उलझे रहे दरबदर ,

आखिर में अपनी बात कहना ठीक समझा

माना कि बाहर लोग अब भी चल रहे हैं मगर

सहूलियत ने दिन को रात कहना ठीक समझा

#abhidev_aabhash

<u>हर बार यही होता है !</u>

दिल तन्हा कहीं रोता है!!

आँखों के सागर सूखे हैं,

अन उपजे आँसू ढोता है !!

सात समंदर पार कहीं जब,

सपनों का संसार जवाँ होता है !

मन आँगन के, टूटे हीरे-माणिक

सोचो क्या क्या, धुँवा होता है !!

बैरागी किस राह चला अब तक,

संन्यास विचलित कहाँ होता है !

जाने है सारे एकांत जगत के रस्ते,

कैसे भर्मित, इंसान यहाँ होता है !"

रूठी रोटी रोते लम्हें,दिल की लड़ाई

यूँ ही नहीं कोई रस्सी पे फ़ना होता है !

जोड़ घटाना भाग बटा बिन बातों का,

साहस टूटे हर बार, दर्द गुना होता है !!

कुछ पहरों की कहानी है जीवन दर्शन,

नदी किनारे सबको जलना होता है !

हर बार यही होता है,

दिल तन्हा कहाँ रोता है !

<u>#abhidev_आभाष</u>

<u>यकीनन तुमसे बात करना,</u>

उलझनों से बरी होना है !

इस तरह तुम्हें नजरअंदाज करना,

असलियत में कवी होना है !

अतीत के लम्हात जो तुमसे होकर गुजरे,

उनके लिए मेरे अधूरे इश्क़ कि हक़दार हो तुम !

अब भी मेरी कलम जब इश्क़ लिखती है,

उस इश्क़ कि हर नज्म और गुलजार हो तुम !

मेरे वक़्त के टूटे पहियों पर अब वो रफ़्तार नहीं,

सच कहता हूँ तुमसे अब पाने जैसा प्यार नहीं !!

तुम लम्हों मे घुलकर जब आते हो यादें बनकर,

ाँहो मैं भर लेता तुमको, मानता हूँ इनकार नहीं !!

तुम अपनी दुनियाँ की रंगरलिया जी भर देखो,

रे मन आँगन मैं दूर दूर, अब कोई त्यौहार नहीं !

<u>#abhidev_आभाष</u>

<u>बड़ी तलाश से मिला वो शख्स,</u>

अचानक यूँ मुझसे दूर हो गया !!

आश पर टिका था पत्थर दिल,

होकर हताश फिरसे चूर हो गया !!

पहले तो यूँ नहीं था चर्चा मेरा कहीं,

दिल टूटते ही देखो, मशहूर हो गया !

ये शायरी ख़याली, दिल का रोना है,

मैं रोया इतना हूँ कि बेकसूर हो गया !

उसकी गिरफ्त में फिर कोई आएगा,

ये तोहमत नहीं अब, दस्तूर हो गया !

मेरी नजर में वो सराफत का नूर था,

देखते -2 आम सा, कोहिनूर हो गया !!

Abhidev

<u>तेरे बगैर रात ढलती है जब,</u>

मुझे सफर आख़िरी लगता है !

मुलाक़ातें आज भी होती हैं,

मगर तेरा आना, हाजरी लगता है !

दिल टूट कर कैसे पत्थर हुआ,

दुआ क्यों मुकाम तक नहीं पँहुची !

यूँ तो वादों का इंतकाम आ ही गया,

अफ़सोस महोबत,शाम तक नहीं पँहुची!!

अब हौसला नहीं मुझमें,तीसरी चाह का,

मंजिल से मुखातिब, क्या मजा राह का !

दिल आज भी इश्क़ परोसा तो करता है,

मगर सच जानता है, बेवफा निगाह का !

तेरे बारे में दुनियाँ कि बातें, सुनता रहा हूँ,

ख्वाबों कि सीको पर तुझे बुनता रहा हूँ !!

मेरी सर्द राते बिन अलाव के गुजर गयी,

मैं प्यासा तेरी जमीं पर, रोज मरता रहा हूँ !

तुझे पाने का हक़ मुझसे छीना गया है !

रोते रोते न चाह कर, कोई मदीना गया है !

तन्हापन में रगो से लहू अलग कर डाला,

तेरा तो क्या गया बस पसीना गया है !!!!

तेरे बगैर रात ढलती है जब,

मुझे सफर आख़िरी लगता है !

लिखता हूँ हर अधूरापन अपना,

कि हर खत मुझे, आख़िरी लगता है !!

#abhidev_तृष्णा

आराध्य हो तुम भाव हो,

तुम रक्त हो ध्यान हो मेरा !

मैं राह गिरता, उठ रहा

भोले तुम ही मान हो मेरा !!

कितनी दूर हैं तेरी जटायें मुझसे,

जितना तुझ पर मेरा विश्वास है !

तू मेरे कण कण में सदा बसा है,

कितना भी टूट जाऊँ, एहसास है !

आराध्य है जगत तेरा,

भोले मैं तेरा दास हूँ !

दिनकर-रवि या चंद्रमा

मैं हर पल तेरे पास हूँ !

ब्रह्मांड ने तुझको गीतों से सजाया,

चारों तरफ है शंभु तू और तेरी माया !!

सुमिरन तेरा, हर राह आसान कर दे,

वेदना में तुझको पुकारा, तुझको पाया !

इंद्रियों का अंश तू ही अमिट वंश है,

मैं जानता हूँ तेरा एक रूप विध्वंश है !

सर्प तेरी काया से लिपटते,संत बन गए

तेरे नाम भोले, यहाँ जीवन अनन्त है !

राख की दृष्टि से, जग मुझे हेरता

रात के एकांत में,तम मुझे घेरता !

Abhidev

<u>मेरे अश्क़ बिछड़ते हैं,</u>

हर याद जुदा होने पर !

पूछता हूँ क्या हक़ तेरा,

खुद का ही खुदा होने पर !!!

तेरी आसान निगाहों ने,

क्यों इस पार बुलाया मुझको !

तन्हा मेरी हस्ती मेरा रस्ता,

क्यों बिन बात रिझाया मुझको !!

आखिर किससे ये कहूँ तेरे बारे में,

लोग समझ रखते हैं, जानते होंगे !

अब तलक मेरी आँखों में सबब है,

तुझमें ही डूबा हूँ, लोग मानते होंगे !!

ठुकराई हुई नाव पतवार नहीं माँगती,

अंदर से टूटी रूह, बाहर नहीं झांकती !

अलाव बुझ गया हो ठंडी पड़ गयी जो,

राख में शामिल ख्वाइशें, नहीं काँपती !!

मदहोशी सबक बन जाय उम्र भर की,

मयखानों में फिर दिलचस्पी नहीं आती !

तेरे साथ गुजरा हूँ मैं, अच्छा या बुरा दोनों,

अब रस्ते मे घर तेरी बस्ती, दोनों नहीं आती !!

मेरे ज़िक्र से शुरू तेरी फ़िक्र पर खत्म हो रहा हूँ ,

रात भर एहसासों का समंदर, अंदर ही रो रहा हूँ !!

ने चाहा की तेरे बाद मेरा कोई निशाँ न रहे बाकी,

देख मैं ख़ाक में तब्दील फिर बंजर ही हो रहा हूँ !

खामोशियाँ कह उठी तो उम्मीद मुझको भी है,

सोचता हूँ बात करने की जरुरत, तुझको भी है !

अगर तेरे दामन मैं नया ख्वाब पल सकता है तो,

तेरी राह तकने में थोड़ी फजीहत, मुझको भी है !!

मेरे अश्क़ बिछड़ते हैं,

हर याद जुदा होने पर !!

#अभिदेव _आभाष

Aik दूजे को स्वीकारते हैं,

Soch ka milna नहीं hua

जिस tarh मिलना chahta hu

Us trh kbhi मिलना नहीं hua !

Jajbaati सवालात हैं उनके,

Main रकम धर के बैठा था !

उनके liye main hi उनकी दौलत हूँ

मैं शहर भर कर्ज कर के बैठा था !

गलतियों का पुतला हूँ, वारदातों की कहानी है

कभी खामोशियाँ मेरी कभी आँखों में पानी है !

मेरे पापा अब भी पाँव छूने का हक़ मुझको देते है

ये मेरे अच्छा होने की महज एक निशानी है !!

फैसलों ने फासला तय कर लिया होगा,

यहाँ कितनो ने घर, घर से दूर लिया होगा !

कितनो ने मजबूरियों का हवाला दिया होगा,

कितनो को अपनो ने मजबूर किया होगा !"

Abhidev

<u>काले अँधेरे छुपे बादल</u>,

रौशनी का लहू,

तपिश बारिशों की,

सर्द रात तन्हापन की,

अलाव ख्वाइशों का !

शहर के अजनबी यार,

पान की बंद दुकाने !

टूटे हुए काँच फर्श पर,

सड़को के घायल बेजुबाँ

अधूरी ख्वाइशों का !

इश्क़ की आँधिया,

अपनेपन का नशा,

बेहोशी का होश,

ज़िंदादिल कातिल,

असल उसकी यादों का !

खालीपन की महफ़िल,

ग़जलों की ये नुमाईश,

गम की नामौजूदगी,

हिज़्र का हँसना,

हिसाब साजिशों का !!

Abhidev

<u>किसी मौड़ पर तस्वीर भूल भी जाऊ,</u>

मुलाक़ातो का लम्हा ज़हन में जिंदा है !

फासले तय करे फितरत बदल कर,

वो शख्स, जिश्मानी इश्क़ में अँधा है !

उसके लबों पर बोसा रखे फिर कोई,

मेरा ये हिज्र, उसका ख्वाब उम्दा है !

आख़िरी सबक ,जिससे महोबत पड़ी,

मेरी किस्मत, ये हुनर उसका धंदा है !!

मुसाफिर बन के कट जाय तो अच्छा,

ये दिल महज साँसों का एक परिंदा है !!

ये घड़ी,अंघूटी, खत, खयाल, बेबसी,

फिर एक शायर का हाल, संजीदा है !!

#अभिदेव_तर्पण

मेरे तन्हा होने से मेरा,

इश्क़ मरता हो तो मरे !

ये तय है कि यकीनन,

खुद को जान जाऊँगा !!

पत्थर बरस रहे हैं मुझपर,

ताज्जुब नहीं,जान खो दूँगा!

बहेगा लहू, रंग बदलेगी जमीं,

नहीं आसार-आसां, मैं रो दूँगा !

जमाना हरकत करे, मैं बदल जाऊ

ऐसा मेरा सरियामिना,कभी नहीं रहा !

बदल दूँ फितरत कि अच्छा नहीं लगता,

इतना सस्ता मेरा आयना, कभी नहीं रहा !!

मेरे तन्हा होने से,

इश्क़ मरता हो तो मरे...

#अभिदेव

सवालात फिर नहीं होंगे,

मंजिल, मेरा आगाज तो करे !

ग़जलों का जखीरा है,

शायर ज़रा, आवाज तो करे !!

वो काफी करीब आ जायेगा,

दिल, मेरा बर्बाद तो करे !

बेचैन होना सीखा गया है,

इन हालों में, याद तो करे !!

मैं रोऊँगा फिर उसी छत पर,

सावन ज़रा,बरसात तो करे !

धुप, छाँव, बादल ये तन्हापन

किसी मसले पर,बात तो करे !!

लम्हों में बँट कर याद आता है,

सँग बैठे कभी ,दिन को रात तो करे !

ख्यालों का शहर उसके नाम है,

हकीकत में कभी, मुलाक़ात तो करे!!

सवालात फिर नहीं होंगे,

मंजिल, मेरा आगाज तो करे !!!

#अभिदेव_आभाष

एक दो दिन में वो इकरार कहाँ आयेगा,

छुपकर मिलना होगा,बाजार कहाँ आयेगा !

उसके दिल की खिड़की पर हैं, मेरी यादें,

बाँहो में भर लेगा बेशक,प्यार कहाँ आयेगा !!

उसने बाँह पकड़ ली इस बार,कहाँ आयेगा

साँसों का है झगड़ा, त्यौहार, कहाँ आयेगा !!

मालूम है मैं बेसबरी से उसकी राह खड़ा हूँ,

संग उसके पार रहेगा, इस पार कहाँ आयेगा !!

स्वरोजगार का मारा, मेरा रविवार, कहाँ आयेगा,

प्रेम दिवस का मौसम, फनकार, कहाँ आयेगा ??

मेरी ग़जलों का सार समझ न पाया, वो आखिर,

इतनी सस्ती महोबत में, गुलजार, कहाँ आयेगा !!

परिणय सूत्र बाँध लिया, मेरा हार, कहाँ आयेगा,

उसका बन बैठा सब कुछ,मेरे संसार,कहाँ आयेगा!

तम में अधरों पर वह दस्तक देकर,जब चाहेगा कुछ

सहमेगा, उसके होंठो परअब, इनकार कहाँ आयेगा!

#अभिदेव_तृष्णा

<u>मन हारा है जग में लेकिन</u>

मैं हारा हूँ, यह सत्य नहीं !

कटपुतली सा यह जीवन

में भी नाचा, असत्य नहीं !!

तुम भावो के पग क्या जानो,

यह जड़ हैं कुछ वृक्ष नहीं !

आँसू जितना बहता जाय,

आँखे भरती,कुछ रिक्त नहीं !!

सरिता सागर उसकी यादें,

मृदंग हृदय की बाधा है !

जिस स्वर पर थे साज सजे,

वो सुर कितना आधा है !!

आओ मुझको फिर पहचानो,

कस्ती हूँ , पतवार नहीं !

मैं ठहरा सा पानी हूँ अब,

दरिया को भी प्यास नहीं !!

कैसे बीते, भीगा सावन,

अधरों पर, ये बात नहीं !

ओझिल -2 हो बैठा सब,

दिन है ये और रात नहीं !

जिसकी छाया में बैठे थे,

उसका पतझड़ आया है !

बीच बजरिया नयन मिलाये,

वो तेरा खत, पड़ आया है !!

अभिदेव_तृष्णा

हताश आँखे एक वक़्त से,

खूबसूरत जलसे की आश में !

समंदर डूब आया है माजी,

पुराने दरिया की तलाश में !!

दरख्तों पर खरोंचे गये वो नाम,

लबो को लब से ,पिलाये गये वो जाम !

किसे खबर कदमों के फिसलने की,

मंजिल बन गयी उसके सँग बितायी शाम !!

कोहरा फैलता है अक्सर बारिशों में,

अपने ही मिले होते हैं,अक्सर साजिशों में !

यूँ तो हजारों मनपसंद ख्वाब देखे गये मगर,

फकत उसका ज़हर फैला हुआ है ख्वाइशों में !

किसी का होना कैसे इतना जरुरी हो गया,

की खुद का न होना भी उसे राजी हो गया !

वो मस्जिद से उलटे पाँव लौट आता था, सुना है

मस्जिद का चौकीदार, वो नमाजी हो गया !!

लफ्ज बहके बहके अधूरे बयाँ हो रहे हैं,

एक ख्याल में जल रहे, धुँवा हो रहे हैं !!

एक उम्र गुजरी आँखों में आँसू नहीं देखा,

बस अँधेरा जानता है, गम कहाँ रो रहे हैं !!

रात साथ लेकर आये यादों का फलसफा,

मगर ये अब पहले जैसा,पलगुजारी नहीं है !

लड़ा मुकदमा शर्त पर कि उसका दीदार हो ,

मगर कुछ दिनों से यादों में,उसकी हाजरी नहीं है!!

ठहर गया है वक़्त, लम्हों के उन किनारो पर

अब तक लटक रही है तस्वीर उन दीवारों पर !

रस्सी जिसपे फाँसी का इरादा लिख दिया था,

उसे धागा बनाकर, बाँध आया मजारों पर !!

हताश आँखे, एक वक़्त से

खूबसूरत जलसे की आश में !!!

#अभिदेव _आभाष

भीग जाते हैं आँसू भी,

स्वाद भी बदल जाते हैं,

वजूद का बदलना वक़्त है

अधूरे ख्वाब अक्सर याद आते हैं।

मुझे अब एहसासों के इस नगर में

तन्हाइयो के इस श हर में,

उलझते सुलझते गिरते सम्भलते

एक वक्त हो चला है।

ख्वाइशों के बर्बाद होने से फ़र्क़ नहीं पड़ता

ख्वाइशें बर्बाद कर दे मोहल्ला सिर पे खड़ा होता है।

बेजान हो गए कड़वे पड़ गये लब्ज सारे खुशी के,

यूँ ही एक दौर से इंसान खुद से जुदा होता है।

तसल्ली से कोई परवाह करेगा क्यों ही,

मुझे बेवजह कोई दिन रात सुनेगा क्यों ही।

मुझे भी फिर किसी मोड़ पे रुक जाना है,

इस अंजान फ़िज़ा को कोई संभाले क्यों ही।

Abhidev

इश्क़ काँटो की जानिब चढ़ा रहा मुझे,

उसे कोई और गुलाब दे रहा है !

ये हक़ीक़त है या भरम जो भी हो,

क्यों वक़्त मुझको ऐसे ख्वाब दे रहा है !!?

मैंने गम दिये उसको वो रोया था,

क्या वो मुझसे अब हिसाब ले रहा है !?

उसे नापसंद था मेरा पीकर बहकना,

क्यों वो यार मुझको शराब दे रहा है !!?

दफ़न होना मेरी जरुरत तो नहीं बनी,

क्यों मुझको तोहफे में राख दे रहा है !

वो मेरा हमखयाल हुआ करता था,

क्यों साजिशों में सबका साथ दे रहा है !!??

बेवफा जैसा उसका रवैया, कभी न था,

वो भला किसे, क्यों अपनी रात दे रहा है !?

अभी तो बादल सिमट कर चुप हुए थे,

क्यों फिर मुझे गम की बरसात दे रहा है !!

इश्क़ काँटो की जानिब चढ़ा रहा मुझे,

उसे कोई और गुलाब दे रहा है !!

\#अभिदेव

एक चेहरा अपनी कहानी लिए,

वक़्त की सरगोशियों को पड़ता,

दरबदर होने से पहले मौज करता,

ख्वाबों का तन्हा सफर रोज करता !

वो चेहरा परछाइयों में न छुपा,

बेहोशी उसके चेहरे का सबब थी !

यकीनन उलझा हुआ था आयने से,

बोझिल था मगर आँखों में अदब थी !!

अनजान लोगों से मुखातिब होने की सजा,

किसी के सामने हकीकत रोने की रजा !!!

बहुत से फैसले इस तरह जज्बात से हारे,

वो चेहरा ढूंढ़ता रहा, उदास होने की वजह !!

उसे पढ़ने की चाह रख कर जला दिया गया,

फिर आख़िरी नज्म से पहले बुझा दिया गया !!

वो हताश हो कर अपना गिरेबाँ झाँकता रहा,

उस चेहरे को ग़ज़ल कहकर, रुला दिया गया!!

उसे ढाला गया साँचे में, हाल हालात सभी मिले

रुख बदलती जिंदगी में रात बरसात सभी मिले!

किसी की ज़िद नहीं और किसी की जरूरत नहीं ,

वो चेहरा चीखकर रोयेगा, उसे साथ, कभी मिले !

ये किस्सा हर कहानी का हिस्सा बना हुआ है,

यहाँ हर कोई अपनी गलतियों से सहमा हुआ है !

खौफ है चारो तरफ टूटी तमाम ख्वाईशो का,

वो चेहरा तन्हा ख्वाबों की राह पर बना हुआ है !

वो चेहरा.......

#अभिदेव

हमारी आँख से उतरे,

तुम्हें आँसू नजर न आये !

बैठे रहे दिल लेके चौखट पर,

तुमको, हम नजर न आये !!

रोये ज़ार ज़ार हम तन्हा यूँ,

कोई अपने हमको नजर न आये !

रात हमने बेहोशी में काटी,

कोई ख्वाब हमको, नजर न आये !!

हुए चाहत से घायल, अरमानों में डूबे

अच्छे खासे समंदर, नजर न आये !

जलती रही आग सीने के अंदर अंदर,

ये वीरान जंगल उनको नजर न आये !!

मुझे इश्क़ में उम्र भर अंधा ही रहना था,

दूर तलक महोबत मुझको, नजर न आये !

उसके बाद कोई और खलल कर नहीं सकता

बस वो सबक मुझको दोबारा, नजर न आये !

रास्ते चलते हैं मेरे मुझसे बिना पूछे अक्सर,

दुआ करता हूँ वो मौड़ अब, नजर न आये !!

इस गम को हमखयाल बना रखना चाहता हूँ

मुझे खुद में सुकूं कि दौड़ अब, नजर न आये !

तुमने पहरेदारों का मुझको खौफ भेजा था,

मगर फिर घर में तुम मुझको, नजर न आये !

तुम्हारी चारदीवारी से सटकर वो बोसा कर रहे

अँधेरे में चेहरे साफ़ मुझको, नजर न आये !!

देखा तुम्हें उसके लबों पर अलविदा रखते हुए,

मदहोशियों में हम तुमको, नजर न आये !!

हमारे दिल में तुम्हारी आयत पड़ी जा रही थी,

तुम किस किस के खुदा बने, नजर न आये !!

दवा बनते बनते ज़हर हो गए हैं फिर,

कोई परवाह करने वाला, नजर न आये !!

हमने भी आग का दरिया पार कर डाला,

कोई वाह करने वाला, नजर न आये !!

हमारी आँख से उतरे,

तुम्हें आँसू नजर न आये !

<u>#abhidev#raw#poetry</u>

<u>गलत निकले सभी अंदाजे मेरे,</u>

वो खफा था मुझसे, बेकसूर था !!

वो लम्हें निभा रहा था सिद्दत से

मैं ही महोबत के नशे में चूर था !!

मिलना बिछड़ना हर कहानी का खेल,

मेरी कहानी भला क्यों मसूर है ?

क्या अभी भी इश्क़ बाकी है हक़ीक़त में,

तो भला क्यों वो मुझसे दूर है !!!

तन्हाईओं के साथ रिश्ता बन गया,

दिल इस कदर मेरा मजबूर है !

मैं भी कभी मदमस्त था रंगरलियों में,

अब तन्हापन ही मेरा फितूर है !!

रात ढलने का नफा माँगे मुझसे,

दिन भर बस उसका ही सुरूर है !

याद आकर जो मुझे तंग करता,

वो मेरा खोया हुआ,उसका नूर है!!

कैसे बताऊँ वो किस कदर बेकसूर है,

महज एक सवाल, क्यों वो मुझसे दूर है !

कुछ न कुछ मसअला तो जरूर है,

मुझसे ही नहीं, क्या वो खुद से दूर है ?

दरिया किनारे दरख्त, आग की चपेट में,

वो पानी जितना, मुझसे दूर है !!! बेकसूर है !!

#अभिदेव_अर्पण

<u>एकांत</u>

साध्य होने की विधा है,

हर तत्व अवसाद बन जाय

यह तब पार होने की कला है !

तम जब छंटे नहीं पूरी सदी,

रक्त जब बहने लगे बनकर नदी !

घाव की फिर परवाह किसको,

गिर पड़ा सम्भलकर-थमकर कभी !

आत्मा की वेदना समझायी न जाय,

मन की कोई तृष्णा, बुझाई न जाय !

कोई खेल यूँ खेले हिर्दय की बेल पर

हतेलियो पर लिखी, उदासी न जाय !

सात स्वर सा वरण उसका,

वह पाँच तत्वों की धार है !

एकांत का जिसने सृजन किया

उसे जानता भभ्य संसार है !

चिड़िया का चहकना अनमोल लगने लगे,

पंडत का वही तोता,आये दिन ठगने लगे !

तुम्हारे शब्द यूँ अंदर गिरह में बंध जायें,

बिना बोले लोग तुमको बड़बोल कहने लगे !!

सूरज से बातें हो तुम्हारी,

चाँद तुमको देखा करे !

बारिशें हो तुम्हारे नाम,

धुप तुमको सेका करे !

खुद की ढूंढ में तुम,

प्रकृति के हर अलाप सुन लो !

अपनी सर्द रातों के लिए,

जटील सा एक स्वप्न बुन लो !

Abhidev

<u>शब्द हार जाते हैं,</u>

भाव मात खाते हैं,

जिंदगी पगडंडियों सी है ये

लोग मीलों चल के आते हैं।

मैं कुछ नया न कर पाऊँगा

जी के फिर मर जाऊँगा।

समंदर के रास्तों चलना शौक था

किसी मोड़ पर यूँ ही डूब जाऊँगा।

सफलता सिद्द कर सकती है मुझे ,

सँघर्ष मैं यही सोच करता जाऊँगा।

मेरे नाम कुछ भी न हो मंजूर है।

मैं हर किसी को ऐक दिन याद आऊँगा।

रूह से पैराहन तक बदल जाती है यहाँ,

मैं खुद को कभी न यूँ बदल पाऊंगा।

गिरना मेरे नसीब का अगर वजूद है भी,

मैं वक़्त रहते रहते संभल जाऊँगा।

अभिदेव_आशायें

मेरा इश्क़ यूँ बोझ हो गया उसपर,

वो हकीकत बयाँ कर नहीं पाया !

दूसरी महोबत इम्तिहान होती है,

वो पहली भी ढंग से कर नहीं पाया !!

मेरे आँसू उसकी दहलीज़ क्यों ढूँढे,

कहीं भी तन्हापन में बरस जाते हैं !

हाँ कभी जब आँखे सुख जाती हैं,

उसके दरिया से गुजर आते हैं !

वो नादान मेरी नजरों में, समझदारी रखता है

जान हतेली पर रखता हूँ, वो मुझको परखता है !

इन गलियों में क्यों अँधेरा फैला, सूनापन है !

क्यों आखिर सावन हर दिन- रात बरसता है

अब सवाल नियत नहीं रखते,

वो हाजिर जवाब हो गया है !

ये मसला जिस सक्श से जुड़ा,

वो मैं, पीकर शराब सो गया है !

शायद हतेलियो ने झूठ जाहिर किये थे,

उसके नाम कितने रिश्ते ख़ारिज किये थे

मुझसे मिलने न जाने कितने सबूत आये,

मेने बिना जाने सब, गलत साबित किये थे !

मेरा इश्क़ यूँ बोझ हो गया उसपर,

वो हकीकत बयाँ कर नहीं पाया!!"

#अभीदेव_तृष्णा

किसी के मसरूफ होने से दिल जब ठहरने लगे,

तन्हापन के एहसासो में हर लम्हा गुजरने लगे !

किसी के होने न होने का सवाल तड़पाये फकत,

ँसों का सिलसिला पल पल इस तरह थमने लगे !!

मदहोश निगाहों से ढूँढ़ते हैं,

बस उसका नाम पूछते हैं !!

ज़िक्र उसका मिला जब कहीं,

मेरे हजारों भरम टूटते हैं !!

उसने पलकों पर बिठाया बिना पूछे,

आँखे बंद करने का दोष कैसे दूँ !

उसे मेरी जरुरत नहीं अब यही सच है,

उसे मदहोशियों में होश कैसे दूँ !!

बिघाई आँख हमने दिल बहुत रोया,

सजाई रात उसने , दिल बहुत रोया !

हजारों ख्वाइशें खोयी,हमने अब तलक ,

मगर संगदिल कोई अपना नहीं खोया !!

मैं कितनी बार उससे कहता, महोबत है

वो कभी तो मुझे फिर वही हौसला देता !

माना लबों पर प्यास रखने के, नहीं काबिल

वो बस प्यास तन्हा दिल की बुझा देता !!

#अभीदेव

अब नजरे न मिल सकेंगी कभी ,

तुमने हमारे दरमियाँ पर्दे गिरा दिए !

इस सफर में हम अब हम,रहे ही कहाँ

तुमने राह के अजनबी, अपने बना लिए !

दर्द बरसा हर पल यहाँ, आँखों ने वफ़ा निभायी

मैं रोया जार जार, जब जब तेरी याद आयी !

तेरे ख्वाब बदले एक रात के तन्हापन से मगर,

मैं हुआ तन्हा हर पल,जब जब तेरी याद आयी !!

मेरी मंजूरियों से बाहर तूने वसीहत बदल डाली,

तेरे एक फैसले ने मेरी, किस्मत बदल डाली !

जानता हूँ तू उसका भी वफादार माना जायेगा,

याद रख तूने सुर्ख लम्हों में, फितरत बदल डाली !!

उम्र गुजरेगी सफर का थका हारा मौड़ आएगा,

वक़्त यादों का सौदागर, कहानियाँ छोड़ जायेगा !

कि तुम रोके तन्हापन, तन्हापन ही पाओगे,

यकीनन आखिरी मौड़ पर ऐसा मौड़ आएगा !!

सलामत रहेगा जहाँ तुम्हारा, ख्वाब आबाद होंगे,

नूर होगा आँखों में तुम्हारी, महंगे लिबाज होंगे "

तुम्हें सब मिलेगा चाहतो की जानिब मगर,

तुम्हारे हसीं पल भी कभी शराब होंगे !

मुझे एक अरसा बीत जाएगा, सुलझने में,

तुम्हें उलझा कहीं और मुझसे देखा नहीं जाता !

मैंने नीलामियों का सफर तय करके तुम्हें पाया,

तुम्हें पा के खोने का सिलसिला, बेचा नहीं जाता

तुमने साँसों से खिलवाड़ ठीक समझा,

दिल धड़कनो को तुम्हारे नाम करता रहा !

रूह तुम्हारे नाम की आयते पड़ती रही,

लहू आँखो से बन के पानी, बहता रहा !

हुआ जो भी दरमियाँ, वो लिखता रहा,

तुम्हारी बेदिली का किस्सा बिकता रहा !

ये दुनिया तुम भी वाह वाही में मसरूफ,

एक शायर तुम्हारे सामने मरता रहा !

अब तलक के सारे कागजात वो लम्हात,

मैंने न चाह कर भी अरमान जला दिए !

अब नजरें न मिल सकेंगी कभी,

तुमने हमारे दरमियाँ पर्दे गिरा दिया !!!

<u>#abhidev_तृष्णा</u>

<u>अधूरे सफर के रिश्तेदार,</u>

तुमसे हमने बड़ा ताना बाना रखा !

तुम हमारे रहो सदा के लिए,

बस यही अपना तराना रखा !

सवालों की सजावट होती है क्या,

इश्क़ में दिखावट होती है क्या ?

तुमने मुझे हर बार निशाने पे रखा ,

कभी खुद से बगावत होती है क्या ?

तुम्हारी चाहतो को मंजिल बना कर,

मैं अपनी जिन्दगी समेटता रहा !

मेरे अरमान आँसुओ का धंदा बने,

तुम्हें खुशियों का फरमान भेजता रहा !!

आधी राह तुमने मुझे जो भी सौंपा,

वो भर्म या झूठ है हक़ीकत में !

कुछ लम्हें खास थे जो अब रुलायेंगे,

बाकी दर्द सारा वसीहत में !

समझदारों सा पेश आये तुम,

कच्ची डोर तुमसे संभाली न गयी !

तुम नये ख्वाबों का आसमां बुन गए,

मुझसे एक रात तन्हा, गुजारी न गयी !!

हौसला जानता था इरादे भी अच्छे थे,

पूरे न हो सके वो वादे भी सच्चे थे !!

मजधारो का मिलना, किनारो की चाह

पतवारों के मालिक, वो माझी कच्चे थे !

अधूरे सफर के रिश्तेदार,

तुमसे हमने बड़ा ताना बाना रखा !

तुम हमारे रहो सदा के लिए,

बस यही अपना तराना रखा !!

अभिदेव_आभाष

<u>मेरी सुर्ख हतेलियो पर,</u>

तुमने बारिशें रख कर !

कितनी दफे अपनी चाहतो से,

मेरे हिज्र को भिगाया है !

मेरे थके मेले अरमान रखे खूंटियो पर,

धूल कर लिबाज सा, उनको नया बनाया है !

मेरी हसरतें रह गयी थी मकसदों में पीछे,

तुमने हर लम्हा मेरा कमरा सजाया है !

मेरे ख्वाबों का कारोबार थम रहा है,

हकीकत से हर वक़्त रूबरू हो रहा हूँ !

बाकी तो सब अच्छा है तन्हा हाल में,

मगर अफ़सोस तुमसे दूर हो रहा हूँ !

मुझे दो नज्मों का साथ देकर,

तुमने पूरी ग़ज़ल सुनी मेरी !

शर्द रातों का रेशम दिया तुमको,

तुमने आधी किस्मत बुनी मेरी !

तुम्हारे बारे में ख़याल, इतने क्यों बदलते हैं,

मेरे सारे किस्से तुमपर क्यों सिमटते हैं ?

मेरा रोना तुम्हें अक्सर हँसाता रहा है ना ?

कभी पूछा? ये आँसू मुझसे क्यों बिछड़ते हैं ?

मेरा अधूरापन तुम्हारी पूरी कहानी है क्या ?

तुम्हें अब जान कहना, बदजुबानी है क्या ?

माना की मेरे लफ्ज बने बनाये बिकते हैं,

मगर देखो, ये मेरी आँखों में पानी है क्या ?

फिक्र का धुँवा सर चढ़ा, तुम्हारी याद आयी,

ज़िक्र फिर तुम्हारा रहा, सारी रात जारी !

कितनी बातें हुई खुदसे तुम्हारे बारे में,

फिर रात आधी तुम बिन सोचकर गुजारी !!!

मेरी सुर्ख हतेलियो पर,

तुमने बारिशें रख कर !

कितनी दफे अपनी चाहतो से,

मेरे हिज्र को भिगाया है !

अभिदेव_तृष्णा

<u>सुबह होने को है मेरे आगे,</u>

रात अब तलक आयी नहीं !

लिख तो लिया हर घाव मैने,

पर ग़ज़ल उसको सुनाई नहीं !!

दूरियों को नजदीकियां दे रहा,

मुझे हर पल में भुला रहा है !

मिलती रही है खबर उसकी,

जो मुझसे दूर जा रहा है !!

वो हौसलों की बातें करता,

यूँ ही बहलाया करता था !

अपनी आँखे बंद करके,

मुझको सुलाया करता था !

अब दिल हार कर पत्थर,

मेरे शीने का बोझ हो गया !

जो शौक़ था कभी का,

वो पीना अब रोज हो गया !

सोचता हूँ कैसे इश्क़ कमजोर हो गया,

धुप में कैसे अँधेरा, घनघोर हो गया !!

बीच मजधार वो बनकर हमसफ़र मिला,

फिर मैं बस, उस पार जाने की डोर हो गया !

चुभन के कितने स्वाद चखे मैंने,

इसी चाह में, कि वो आकर मिले !

यूँ तो पड़ के ग़ालिब दुनियाँ समझ ली,

हाँ कुछ तजुर्बे, कुछ गँवाकर मिले !

गुजरी बातो का लावा ,

राख बनकर उड़ रहा है !

मैं नया अलाव तापु भी,

पुराना भाव जुड़ रहा है !

सुबह होने को है मेरे आगे,

रात अब तलक आयी नहीं !

लिख तो लिया हर घाव मैने,

पर ग़ज़ल उसको सुनाई नहीं !!

#अभिदेव_तृष्णा

वो एहसास खो गए हैं,

लम्हात खो गए हैं !

गुजरती जिंदगी के ताने बाने,

हम राख हो गए हैं !

साको पर डटे रहना,

कौन सा परिंदा सीख पाया है !

उसकी मौजूदगी बनी रहे,

इसके लिए क्या क्या भुलाया है !

अब यादों के दराज अक्सर खुलते हैं,

अपना नहीं कोई, चेहरे मिलते हैं !

हकीकत में बाँह पकड़ कर पूछ भी लूँ,

वो घर से अब साथ निकलते हैं !

मेरा ही अक्स मेरी ही तन्हाई,

ये भला मुझको हुआ क्या है !

अजनबी, मुझको चाहने वाले,

तेरी रब से दुआ क्या है !

बंद दरवाजों के पीछे कमर लगाए,

किसी की आहटों पर गौर करक़े !

एक ऐसे किसी सक्श की तलाश में,

जिंदगी सफर की हदों तक आ गयी !

Abhidev

<u>मुझे चाहने का गीत तुमने,</u>

कितनी रातों गुनगुनाया !

मैं तुम्हारा हूँ सदा के लिए,

मैंने कितनो को बताया !

नजदीकियां बनी रहे यही तुमने चाहा,

तुम मेरी ख्वाईश रहो यही मैंने चाहा !

तुम्हारी आँखे अब कुछ नहीं बोलती,

अपनी आँखों में, यही मैंने पाया !!

हम जुदा कैसे हुए, याद है तुमको !

बीते लम्हों का, एहसास है तुमको ?

क्या तुम्हें हिचकियाँ अब सताएंगी,

दिल अगर आवाज दे तुमको ?

तुम मिल न सके मुझे, उम्र भर के लिए,

मैंने यादों को तुम्हारी सर कर दिया !

एक तुम्हें समेटे बैठा है दिल में ये दिल,

जिंदगी में तन्हापन ने घर कर लिया !!

गुजर जायेगा ये मौसम मेरी उम्र का सफर,

Abhidev

<u>आसमां से उतर आते हैं लफ्ज़,</u>

दिल में जब बादल बरसते हैं,

बूँद सी आ टपकती है आँखों से,

जब उस पर ग़ज़ल लिखते हैं !

मुशायरो में कहते हैं लोग मुझसे,

ये वाह वाही मुफ्त की है !

अब भला किस किस को बताऊ,

क्या किम्मत, इश्क़ की है !

कभी हाथों से फिसलकर टूटती बोतल,

या फिर तुम्हारे जाम में काँच मिल आता !

वो तुम्हारे सामने किसी का हो जाता अगर,

हर लफ्ज पर मेरा रोना , तुमको समझ आता !

मुझे सरायों पर बैठने की आदत हो गयी है,

भीड़ में तन्हा होना, मेरी फितरत हो गयी है !

यु तो गम और हिज़्र पाले हैं, उम्र भर से मैने,

मगर उसके जाने के बाद, बरकत हो गयी है !

मेरी आँखों मैं ढूँढोगे, पता मिल जायेगा उसका!

यहीं मेरे दिल में वो दशकों से रहता आ रहा है!!

मगर आँखों में झाँकने से पहले जान लो, मुझको

ये जमाना एक दौर से पागल कहता जा रहा है !!

आसमां से उतर आते हैं लफ्ज़,

दिल में जब बादल बरसते हैं,

बूँद सी आ टपकती है आँखों से,

जब उस पर ग़ज़ल लिखते हैं !

अभिदेव_आभाष

चड़ते उतरते इन पहाड़ों से,

कलकल करती सरिताओं से

हृदय क्या माँग रहा है ?

मन टूटा ढूंढ रहा कुछ,

तन डूबा मय में है !

अनभिज्ञ रहा जीवन,

क्यों संशय क्यों भय में है ?

पुष्प के महत्तव,महक का राज,

स्पर्श की सारी विधा जान ली है

प्राण प्रतिस्ठा व पाश्याच्ताप,

धड़कनो की गति मान ली है !

साध्य होने के भाव, सरलता का प्रयत्न

इस मनु वेग में क्या क्या जागा है !

कुछ भी समतल न कर सका, जीवन,

कितना -कितनी और भागा है !

किंतु आभाष और प्रत्यक्ष,

उस निर्बल की जागीर है !

मुख पर मुस्कान उसकी,

मगर आँखों में नीर है !

उलझता जा रहा सबसे,

किसीसे कोई नाता नहीं है !

कौन सा है द्वंद्व अंदर,

खुलकर कभी बताता नहीं है !

चड़ते उतरते इन पहाड़ों से,

कलकल करती सरिताओं से

हृदय क्या माँग रहा है ?

Abhidev- Aasayai

ख्वाब ख्वाइशों की एवज ,

हक़ीक़त कुछ और है।

कहता हूँ कि वो बस मेरा है,

पर वसीहत कुछ और है।

मैं चाहता हूँ कि उसमें समा जाऊँ,

पर उसकी नसीहत कुछ और है।

ये रोना, टूटना, सम्भलना बिखरना खेल है,

जिंदगी की असल में फजीहत कुछ और है।

नशा बस एक जरिया है सच छुपाने का,

मेरे बहक जाने की असलियत कुछ और है।

चाहता था कि उसको अपनी जुबाँ सिखाऊँ,

मगर फिर उसकी तरबियत कुछ और है।।

ख्वाब ख्वाइशों की एवज..

#अभिदेव...

मैं पूछुंगा तो सवाल खड़ा होगा,

तुम बता दो तो अच्छा लगेगा।।

उस तस्वीर से तुम्हें अलग करूँ,

वो तन्हा सख्श फिर भद्दा लगेगा।।

हाँ तुम अपनी खुशी जाहिर करो,

बुरा मानेगा फिर भी अच्छा लगेगा।।

हर रिश्ते की एक उम्र तय है कहा था,

हाँ यादों में हर कोई जिन्दा लगेगा।।

जिसके दर्द की सतह नहीं छू पाये,

वो सख्श तुमको कैसे अच्छा लगेगा।।

ये नजरें बहुत कम उठ कर देखती हैं,

तुम भी न देखो तुम्हें भी गंदा लगेगा।।

फिर से एक नये गम में डूबा हुआ हूँ,

मेरी गजलें सुनो तुम्हें अच्छा लगेगा।।
#अभिदेव...

मैं मलिन बस्ती का वो चराग हूँ,

जिसने आँसुओ पर आग लगते देखी है।

मैं बीहड़ में बसे उन घरोंदों की खुश्बू हूँ,

जिन घरों में कभी भी कोई इत्र नहीं महका।

मैं सावन की वो आखरी बूँद हूँ बारिश की,

जिसके सूखते ही तपिश बढ़ना तय है।

मैं वो लम्हा हूँ किसी एक तम के पहर का,

जिसके गुजरने के बाद फिर उजाला होगा।।

मैं एक तन्हा सख्श के अंदर का वो खालीपन हूँ,

जिसके मुआवजे में घुटन भी एक तोहफा है।।

मैं वो बंजर घास हूँ मरुस्थलों के ऊँचे टीले की,

जिसे अपने होने का बिल्कुल भी घमंड नहीं है।।

मैं हर उस सख्श के दिल में दाखिल हो चुका हूँ,

जिसने अपनी रूह के बदले किसी का हाथ माँगा है

मैं मलिन बस्ती का वो चराग...

#अभिदेव

वो जिसने सबको खुश रखा है,

मैं असलियत में वो धोका रहा हूँ।।

तजुर्बे ने मुझको बड़ा किया है,

मैं तरबियत में तो छोटा रहा हूँ।।

हर जरूरत को हासिल किया है,

था मेरी चाहत में जो खोता रहा हूँ।।

मेरी हँसी किसी की गिरफ्त में है,

सो गम हो खुशी हो रोता रहा हूँ।।

कोई और मुझमें सुबह जागता है,

मैं एक दौर से तन्हा सोता रहा हूँ।

लोग कहते हैं कोई गुंजाईश नहीं है,

मैं तपती रेत पर बीज बोता रहा हूँ।।

कोई धूप तपिश भाप ना बना पायी

मैं अपनी जमीन का वो ओदा रहा हूँ।।

#अभिदेव

<u>फिर से कहीं वो जवां कर रहा मुझे,</u>

फिर से मुझमे कोई जगह बना रहा है।

फिर से किसी ने मुस्कान दी है मुझे,

फिर से मेरे कोई करीब आ रहा है।।

फिर से एक सिरहन है जहन में मेरे,

फिर से मुझे कोई खुद में छुपा रहा है।।

फिर से एक नया खयाल बन गया है,

फिर से मुझको कोई ख्वाब दिखा रहा है।।

फिर से दिल हताश हो कर हार गया है,

फिर से मुझको कोई अपना बता रहा है।।

फिर से एक तूफान की खबर आयी है,

फिर से मेरा कोई दरिया डूबा रहा है।

फिर से जैसे पहला इश्क़ होने लगा है ,

फिर से मेरा गम कोई गुनगुना रहा है।

फिर से एक एक आग सीने में जली है,

फिर से मेरी तन्हाई कोई बुझा रहा है।।

फिर से एक आवाज़ दफन हुई,

फिर से मुझको कोई बुला रहा है।।

फिर से किसीको भुला दिया गया,

फिर से मुझे कोई याद आ रहा है।।

फिर से किसी ने हमको काफ़िर किया,

फिर से मेरा कोई बनकर खुदा रहा है।

फिर से हमने सुकून में सोना चाहा,

फिर मुझे कोई नींद से उठा रहा है।

#अभिदेव

<u>मेरे सीने में दफन एक आग,</u>

सुलगती और बुझती है रोज।।

मैं एक जवाब पर ठहरा हुआ हूँ,

जिंदगी नया सवाल पूछती है रोज।।

अजीब सी कश्मकश है दरमियाँ,

दिल में एक आवाज गूँजती है रोज।।

वो जिसने बे नजर कर दिया है,

उसे ही फिर नजर ढूंढती है रोज।।

हर वक़्त उसे याद आना चाहता है,

जो उसे थोड़ा थोड़ा भूलती है रोज।।

उसने तो बस तँग हालो में तैरना सीखा ,

क्या करे अब की कश्ती डूबती है रोज।।

मेरे सीने में दफन....

#अभिदेव

<u>मुझको पहचानते हैं,</u>

मेरी राह के बुझे चराग।

रात को भी दिन कर दूँगा,

जब जलाऊँगा छुपे चराग।।

बुझने तक तो रोशन रहो,

ये समझा गये मुझे चराग।।

अंधेरे को खूबसूरत करता

हवा से बचके जले चराग।

कुछ दुनियाँ में चमके,

कुछ घर के बने चराग।।

उसको आवाज देता हूँ,

और लहरा कर सुने चराग।

अंधेरी राह खूब ठोकरें खायी

फिर अचानक जल उठे चराग।।

पहले औरों को रोशन किया ,

तब अपने घरों में ढूँढे चराग।।

#अभिदेव

<u>याद करने पे याद आने लगे हो,</u>

क्या तुम भी मुझे भुलाने लगे हो।

उसे तुमने मेरे बारे में क्या बताया,

सच कहो क्या क्या छुपाने लगे हो।।

तेरे जिक्र के सिवा कलम लिखती नहीं,

सोचो जरा तुम ही दिल दुखाने लगे हो।

वो मेरी उम्मीदों का इकलौता चराग है,

जिसे तुम बेफिजुली में बुझाने लगे हो।।

इश्क़, तन्हाई, बेचैनी, बिखरना ,टूट जाना,

क्या बताऊँ तुम क्या क्या सिखाने लगे हो।।

वो मझदार से बस तुम्हारे खातिर लौटा था,

जिसे तुम किनारों पर यूँ ही डुबाने लगे हो।।

#अभिदेव

उसकी दर के दरविश हुए,

उसके सिवा दहर में कुछ नहीं।

मौत साँसों का घुट जाना है,

रंजिश और ज़हर में कुछ नहीं।।

वो जबसे छोड़ कर गया है,

अजीज अब शहर में कुछ नहीं।।

दुनियाँ का खुदा बनकर रहा है,

और वो मेरी नजर मैं कुछ नहीं।।

कोई अपना दर्द बयाँ कर रहा है,

लोग कहते हैं बहर मैं कुछ नहीं।

उसकी दर के दरविश हुए...

#अभिदेव

<u>उस एक लम्हें का इंतजार है मुझे,</u>

कह सकू पापा तुमसे प्यार है मुझे।।

दुनियाँ मुझको रँग नए दिखाती रही है

पर आपसे मिली सादगी उपहार है मुझे।।

मेरी तहजीब अच्छी है क्योंकि बदतमीज़ी

ये पापा की तरफ से साफ इनकार है मुझे।।

मेरा किरदार बस इस बात पर खुश रहा है,

पिताजी के पाँव छूने का अधिकार है मुझे।।

मैंने उससे पहली मुलाकात पर ये तय किया था

पापा जैसा चाहें जब चाहें वही स्वीकार है मुझे।।

अधूरेपन को जब भी समेटने की सोच लेता हूँ,

उनकी तस्वीर हर तरफ दिखती बार बार है मुझे।।

उनके चेहरे पर सुकून ,खुशी अगर न देख पाया,

अपने हर हुनर पर जीवन भर धिक्कार है मुझे।।

उस एक लम्हें का इंतजार है मुझे,

कह सकूँ पापा तुमसे प्यार है मुझे।

#अभिदेव

<u>कैसे लम्हों में बताऊ,</u>

सारी दास्ताँ क्या है।।

हाल ए दिल को दिल से,

ये हाल ऐ आसना क्या है।।

किसी सूरत बयाँ नहीं होता,

किसीको जी भर चाहना क्या है।।

वो जब तुम्हारा हो नहीं पाया,

उससे और कुछ माँगना क्या है।।

पागल किसी को दिल दे बैठा,

अब समझता होगा हारना क्या है

उसने देखकर पर्दा सरक लिया ,

अब ताकना झाँकना क्या है।।

कैसे लम्हों में बताऊ....

#अभिदेव

<u>बड़ा मुश्किल है आसान होना,</u>

सभी चाहते हैं आसमान होना।।

पहले एक ख्वाब की ताक बैठो,

फिर ख़ामो खां परेशान होना।।

जरूरी है तो बस इंसान होना,

चलता है राह के निशान खोना।

दुनियाँ सबको सिखाती है,

अच्छे और बुरे की पहचान होना।

मेरे चेहरे पर एक हँसी कायम है।

नहीं दिखता गम का तूफान होना।।

पहले एक सख्श को पाया ,

फिर उसके लिए अनजान होना।।

#अभिदेव

किसी महफ़िल में तमाशा हो गये,

किसी महफ़िल के गुलजार हो गये।।

बहुत देर उस तरफ इंतजार करते रहे,

फिर एक शाम ढली इस पार हो गये।।

दिल में जगह दी गम को पाला पोसा,

फिर एक दिन गम की मजार हो गये।।

इतना बुरा होता तो कबका डूबा देता ,

कहता तेर जायेंगे हम तैयार हो गये।।

वो किनारे पर जिंदगी की मौज में है,

हम बहते दरिया की मजधार हो गए।।

मेरा पता अब कोई पूछने वाला नहीं है,

कुछ शिकस्त हो गए कुछ फरार हो गए।।

यहाँ कुछ ने दिल टूटने पर मंजिले पायी,

कुछ हुए थे आवारा जो फनकार हो गए।।

पहले एक शख़्स को चाहा और पाया ,

यूँ खोया की चाहने वाले हजार हो गये।

#अभिदेव

<u>दौलत सोहरत उसकी मेहरबानी है,</u>

वेसे हमारी ये गरीबी खानदानी है।।

पूरी कहानी सुनके मुझसे पूछते हो,

कैसे इन आँखों से छलकता पानी है।।

हमने ऐसे एक सख्श का राज छुपाया,

हमारी खामोशी की दुनियाँ दीवानी है।।

उसकी याद में एक ग़ज़ल सुना रहा हूँ,

मगर एक और गजल सबसे छुपानी है।।

उसे फुरसत मिल ना पाएगी इस जहाँ में,

वो एक ग़ज़ल जन्नत में उसको सुनानी है।।

समझो अधूरे इश्क़ अधूरे वादों का मारा है

गम,उदासी,अधूरापन उसकी निशानी है।।

वो आकर मुझसे बात क्यों नहीं कर लेता,

हर सख्श और जिंदगी की यही परेशानी है।।

बिना पतवार आँखों से ओझिल हो जाती थी,

एक बार वही बचपन वाली नाव फिर बनानी है।।

#अभिदेव

<u>तबाही ताउम्र हमराह चलती रही,</u>

ये अच्छा है कि गाड़ी चलती रही।।

असलियत में किरदार मर गया था,

मगर पर्दे पर कहानी चलती रही।।

वो सख्श एक सदमें से चल बसा,

उसके लूडो की बाजी चलती रही।।

कमरे की दीवारे हमें सुनती रही हैं

सो ता-उम्र बस हमारी चलती रही।।

सही वक़्त पर कभी न चुका पाये,

यारी में अबतक उधारी चलती रही।।

उसने तुमको एक नजर देख लिया था,

पूरे सफर में बात तुम्हारी चलती रही।।

वहाँ से सब परिंदों ने रुख कर लिया था,

फिर भी वहाँ एक कुल्हाड़ी चलती रही।

हमारी कलम ने उसका जिक्र छोड़ दिया,

दिल पे एक तलवार दो धारी चलती रही।।

तबाही ताउम्र।

#अभिदेव

<u>किनारों से किनारा कर लिया हमने,</u>

गम को अब सहारा कर लिया हमने।।

एक सख्श किसी मोड़ पर भूला गया,

उसे ही याद दुबारा कर लिया हमने।।

उसे ये पागलपन बहुत अच्छा लगा था,

सो फिर ये हाल हमारा कर लिया हमने।।

बेवफ़ाई ने हमको फासले अता कर दिये,

न चाह खुदको तुम्हारा कर लिया हमने।।

एक चमकता पत्थर दिल से टकराया था,

जिसे गर्दिशों में सितारा कर लिया हमने।।

पहले एक काफ़िर को अपना बनाया था,

फिर उसके बिना गुजारा कर लिया हमने।।

जिंदगी भर अपने दर्द को हम छुपाते रहे,

देखो अब मौत को नजारा कर लिया हमने।।

#अभिदेव

<u>हम किसी के हो गये होते,</u>

कोई हमारा हो गया होता।

हुआ तो दूसरा जन्म भी है,

प्यार दोबारा हो गया होता।

उसके जाने से पहले मरते,

बस इशारा हो गया होता।

फिर कभी मुलाक़ात होती ,

एक नजारा हो गया होता।।

ज़रा वक़्त पर बीमार होते ,

कोई सहारा हो गया होता।

वो इतना परेशान नहीं रहता,

अगर अवारा हो गया होता।।

माझी घर कबका लौट जाता,

कोई किनारा हो गया होता।।

तुम्हारा वजूद ही नही था अभिदेव

गर वो तुम्हारा हो गया होता।..

हम किसी के हो गए होते....

#अभिदेव

बस खयाल पड़ा करता हूँ,

बहर ढूंढने लगे हैं लोग।।

ज़रा सा परेशान हुआ था,

जहर ढूंढने लगे हैं लोग।।

गाँव को बंजर कर दिया

शहर ढूंढने लगे हैं लोग।।

नदी खारी होने लगी है,

नहर ढूंढने लगे हैं लोग।।

उम्र गुजरी तो होश आया,

कदर ढूंढने लगे हैं लोग।।

अंधा हो गया वो जिसकी,

नजर ढूंढने लगे हैं लोग।।

बर्बादियों से उभर आया,

कहर ढूंढने लगे हैं लोग।

आँधी जब सिमटने लगी,

लहर ढूंढने लगे हैं लोग।।

एक ग़ज़ल यूँ पड़ी गयी,

सदर ढूंढने लगे हैं लोग।।

#अभिदेव

<u>अब तो गम घर कर गया है,</u>

पर असलियत में ऐसा नहीं था।

चाहते तो हक़ीक़त बदल देते,

पर हक़ीक़त में ऐसा नहीं था।

जाओ खुश रहो खूब जी लो,

हर वसीयत में ऐसा नहीं था।

वो खुद पर दाव लगा बैठा है,

पर नसीहत में ऐसा नहीं था।।

उसे इस बार क्यों रोना आया।

हर फ़ज़ीहत में ऐसा नहीं था।।

अब तो गम घर कर गया है.....

#अभिदेव

किसी एक पहलू पर बात कर,

न तू दिन को यूँ बैठे रात कर।।

मत झुलस मेरी नसों में साँसों में,

खुल के आँसुओ की बरसात कर।।

मेरे ख्याल गमजदा तेरी वजह से,

कभी तो खुद की तहकीकात कर।।

मुझे खबर है तू किसी का हो गया,

पर कभी तो मसलन मुझसे बात कर।।

दो रँग धनुष में कम रह गए शायद,

रख हौसला और उनको सात कर।।

देख प्यारे शाम अच्छी ढल रही है ,

रम है जरा गम के इंतजामात कर।।

तेरी ही अब तलक चलती आयी है,

तू अब न इश्क़ कर न खुरापात कर।।

#अभिदेव_दिल

<u>खिलाफत लाद कांधो पर,</u>

खुदकी तलाश जारी रही है।।

पानी भी तरसने लगा था,

प्यास पर प्यास भारी रही है।।

बनाने वाले ने बिगाड़ी हो

वो तक़दीर हमारी रही है।

बेहवस पागल कर दिया ,

वो तस्वीर तुम्हारी रही है।

वो आख़री लानत तुम्हारी,

हर बात याद आती रही है।।

किसी के काबिल होकर मरें,

रात ये सबक सिखाती रही है।।

दरवाजे अभी तलक खुले नहीं,

वो खिड़की ये दिखाती रही है।।

हम तन्हा अकेले बिल्कुल नहीं,

वो लड़की हमें बताती रही है।।

सपनो में एक ट्रेन चल रही थी,

और वो हमसे दूर जाती रही है।।

सड़क पर किसीको रौंद डाला ,

और वो गाड़ी होरन बजाती रही है।।

शौक तो आकर गले पड़ गये,

हमको जरूरत सताती रही है।

चाहे जिस हाल में आकर मिले,

मुफ़लिसी मुँह की खातीं रही है।

हर दिन आश खोई उम्मीद टूटी,

हर रोज मंजिल घर बुलाती रही है।

मुश्किलों को मुश्किल से सुलाया,

सुबह मजबूरी उन्हें उठाती रही है।

पलटकर जब भी देखा ,

खुद से जंग जारी रही है।।

आँसू जबसे चख लिए थे,

प्यास तबसे खारी रही है।

खिलाफत लाद काँधों पर.

#अभिदेव